運動生理学の教科書には、筋肥大についてこう書かれています。

『最大筋力[※1]の80％程度の重量で、8〜10回挙げることを1セットとし、60秒程度のインターバルを取りながら3〜5セット行う』

言い換えると「10回の挙上で限界を迎えるくらいの重いウエイトを使用しないと、筋肥大しない」となる。

つまり、腕立て伏せにしろ自重スクワットにしろ、30回、50回といくらでも連続でできてしまう人にとって、それらは負荷が小さすぎて筋肥大につながらない、ということです。

私自身、トレーナーとなって10年くらいは、前述のような教科書通りの理論に基づいて活動をしていました。**ウエイトがなければ筋肥大はできないと思い込んでいた**のです。

それもそのはず。当時はまだ、教科書をただ丸覚えしているだけで、その先にある本質の理解に至っていなかったのだから——。

とはいえ、回数ばかり重ねる自重トレーニングに筋肥大の効果が期待できないのは確かです。心当たりがあるようならば、今すぐ取り組みを改めましょう。

※1
1回しか挙げられない重量

そこで「やっぱり家で自重をやっても意味がないんだ！」と、勝手につなげて考えるのは大きな間違いです。自重トレでも、工夫次第で筋肥大できるのです。

ウエイトトレーニングで重量にフォーカスしてしまうのと同じように、自重トレでは回数に意識が向きがち。しかし、本来目を向けるべきは「いかに筋肉に負担がかかるポジションを取れるか」です。

体重という限りある負荷であっても、ポジション取りと動作の工夫によって極めて大きな負担を筋肉にかけられる。この事実を皆さまにお伝えすべく、本書を執筆いたしました。

本書掲載のエクササイズは、現役トップアスリートやボディメイクコンテストで注目を集める選手たちのメニューに、実際に組み込んでいるものばかり。彼らの活躍が、**確かな知識と正しい意識をもって取り組めば身体一つでハードに追い込み、鍛え上げられる**ことを証明してくれています。

「超宅トレ」とは、既存の宅トレ需要を満たすのはもちろん、定期的にジムでトレーニングをしている方にも更なる進化をもたらす、とても実用的なトレーニングなのです。

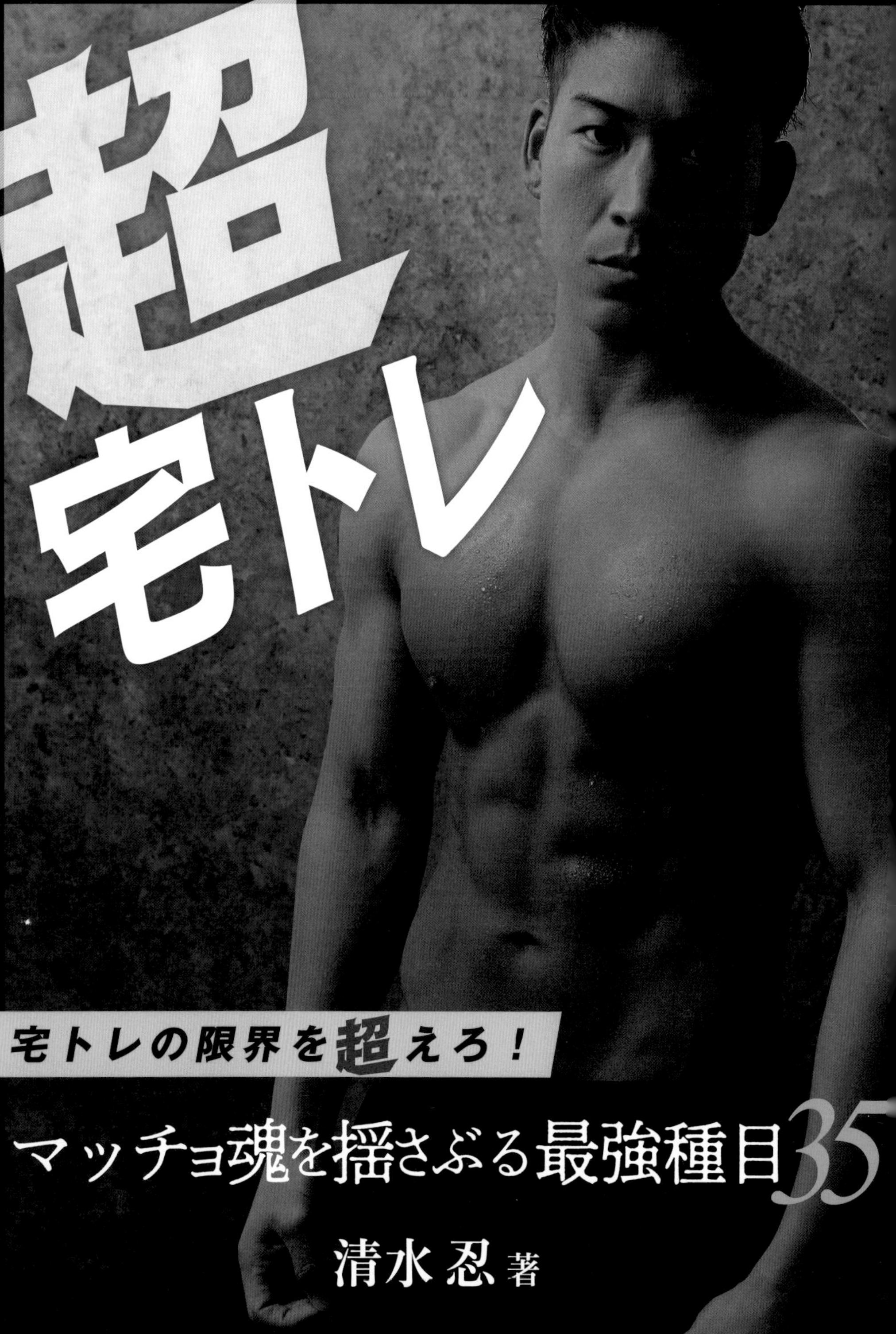

超宅トレ

宅トレの限界を超えろ！

マッチョ魂を揺さぶる最強種目35

清水 忍 著

はじめに

「自宅で自重トレーニングをしても、筋肉はデカくならない」

そのように考えている筋トレ中・上級者はとても多いです。なぜかと問えば、一様に「ジムで行うウエイトトレーニングと比べて、負荷が小さすぎて筋肥大しない」と返ってくる。

そのたびに私は「では、このエクササイズをやってみてください」と、自重種目を紹介してきました。

結果はいつも同じ。例外はなく、誰もが苦痛に顔を歪め、悲鳴にも似た唸り声をあげながら、やっとの思いでセットを完遂するのです。

この本を手にしてくださったあなたにも、まずは種目を試していただくのが一番いいのですが……。代わりに右下の動画をご覧ください。

動画に登場するのは本書のモデル・小野瀬翔悟さん。パーソナルトレーナーとして活躍する傍ら、出場するボディメイクコンテストではグランプリも獲る筋トレ上級者です。

綿密に鍛え上げられた肉体の持ち主であっても、たった1種目の自重トレーニングで心身ともにかなり追い込まれることが伝わったのではないでしょうか。

筋トレ上級者が、超宅トレ種目に挑戦！▲

本書の特徴

1 動画解説付き！筋肉を破壊する35種目のエクササイズ

すべての筋トレ中･上級者に向けた、厳選35種目を用意。筋肉は、強い刺激で破壊することにより、その修復の過程で肥大が進む。「超宅トレ」は、あなたの筋肉、そして宅トレに対する既成概念を大いに破壊し、未知なる成長へと誘うものとなる。

2 「超理論」と「超格言」

「超宅トレ」35種目で「なぜそうするのか」理論を解説。ただのHow to本ではなく筋トレを体系的に学べる1冊となるよう、マッチョ心をくすぐるマニアックさを追い求め「超理論」にまとめた。そして、種目を実践する際に意識し続けてほしいポイントを「超格言」として提示。一人で黙々と実施するという宅トレの性質上、気の緩みが大敵。著者があなたの専属トレーナーとして、すぐ横で見届けているかのように、気持ちを込めた一言だ。

3 一般的な説明は徹底的に排除

読者対象である筋トレ中･上級者は、基本動作はすでに熟知しているはず。わかりきった説明は極力抑えて、応用部分の解説を重視。最低限のトレーニングツールとしてゴムバンド等を使用する種目もあるが、それも一般的な使い方とは異なる方法も紹介している。

本書を構成する要素のなかで最も重要なのが「超理論」と「超格言」。繰り返しになりますが、負荷を大きく変化させるのは、知識と意識だからです。

力学、生理学、解剖学に裏付けされた解説を理解する前と後とでは、動画で見えるものも違ってきますし、その先で筋肉への負担をさらに増やせるようにもなります。

独自のアイデアによりエクササイズ強度を引き上げ、自身の限界突破に挑戦する喜び、そして既存の宅トレを自らの手で超えていく自重トレーニングの醍醐味を、ぜひ味わってください。

本書を手にした今日という日が、皆さまの宅トレ概念を１８０度変えると同時に筋肉を大いに破壊し、思考も身体もこれまでの自分を超えていく記念日となりますように。

大いなる期待を込めて「超宅トレ」をお届けします。

清水 忍

contents

contents

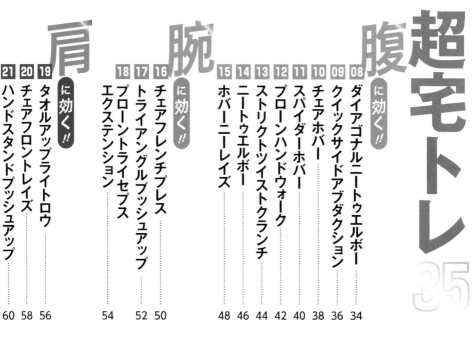

超宅トレ35

腹に効く!!

腕に効く!!

肩に効く!!

背中に効く!!

脚に効く!!

尻に効く!!

本書の使い方

本書は、筋トレ中・上級者に向けた4つの章で構成されています。「自分は筋トレ上級者。基礎種目の情報は要らない！」という方も、まずは「**基本の宅トレ5**」から必ず目を通してください。その後に続く「**超宅トレ35**」本編で紹介するエクササイズにおいて【必要となる動作】【意識してほしい姿勢】など、押さえておくべきポイントを記載しているからです。

「**クールダウンストレッチ18**」では、その名の通り筋トレ後にしておきたいストレッチを紹介します。ないがしろにされがちなクールダウンですが、トレーニングの質を左右する大切な時間だということに、気づいてください。

最後は、さらなる高みを目指す人に向けて「**目的別！最速プログラム5**」。部位ごとに紹介してきた超宅トレ種目を

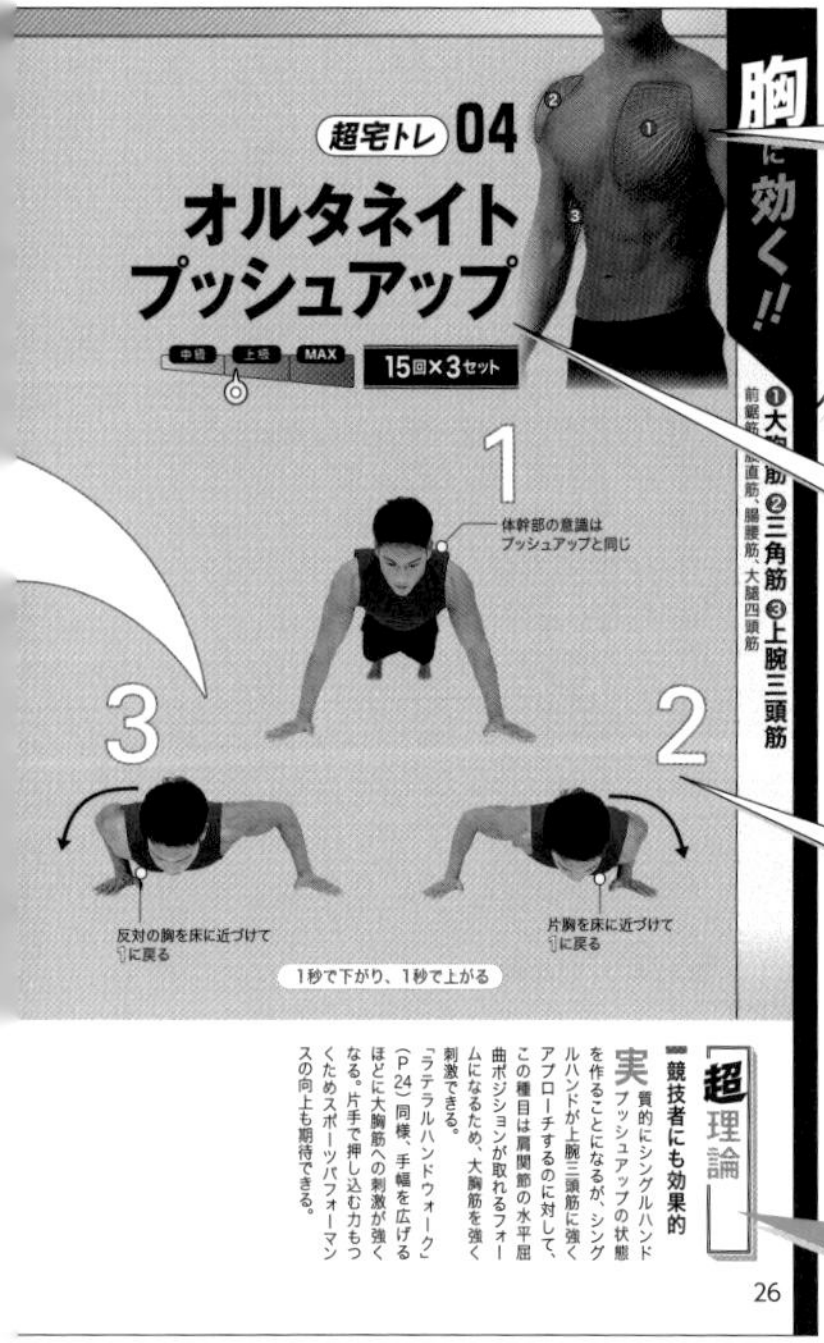

超宅トレ 04
オルタネイト
プッシュアップ
中級
上級
MAX
15回×3セット
胸に効く!!
❷三角筋 ❸上腕三頭筋
1
体幹部の意識は
プッシュアップと同じ
2
片胸を床に近づけて
1に戻る
3
反対の胸を床に近づけて
1に戻る
1秒で下がり、1秒で上がる
超理論
競技者にも効果的
実質的にシングルハンドプッシュアップの状態を作ることになるが、シングルハンドが上腕三頭筋に強くアプローチするのに対して、この種目は肩関節の水平屈曲ポジションが取れるフォームになるため、大胸筋を強く刺激できる。
「ラテラルハンドウォーク」(P24)同様、手幅を広げるほどに大胸筋への刺激が強くなる。片手で押し込む力もつくためスポーツパフォーマンスの向上も期待できる。
26

インデックス&筋肉図

各エクササイズのターゲットとなる部位、主な筋肉名＊を図解つきで紹介

＊❶❷などの順番は、ターゲットとなる筋肉の優先順位を示している

概要

種目名とあわせて、強度レベルと実施回数の目標を提示

How to

エクササイズの動きを解説。ポジションの取り方や姿勢への意識を確認

超理論

力学、生理学、解剖学などの観点からエクササイズを理論的に解説。「なぜ、こうするのか」を理解しておくことでトレーニング精度が高まるだけでなく、さらなる工夫を加えて筋肉への負荷を増やすことができるようになる

「どのような身体にデザインしていきたいか」という目的に応じて組み合わせ、構成したプログラム例を紹介しています。

P13～
基本の宅トレ5
「超宅トレ」本編に生きる基礎知識。全員必読！

P19～
超宅トレ35
部位別、レベルごとにエクササイズを紹介。

P91～
クールダウンストレッチ18
トレーニングの質向上に向けて習慣化を。

P99～
目的別！最速プログラム5
ボディデザイン思考とメニュー例を紹介。

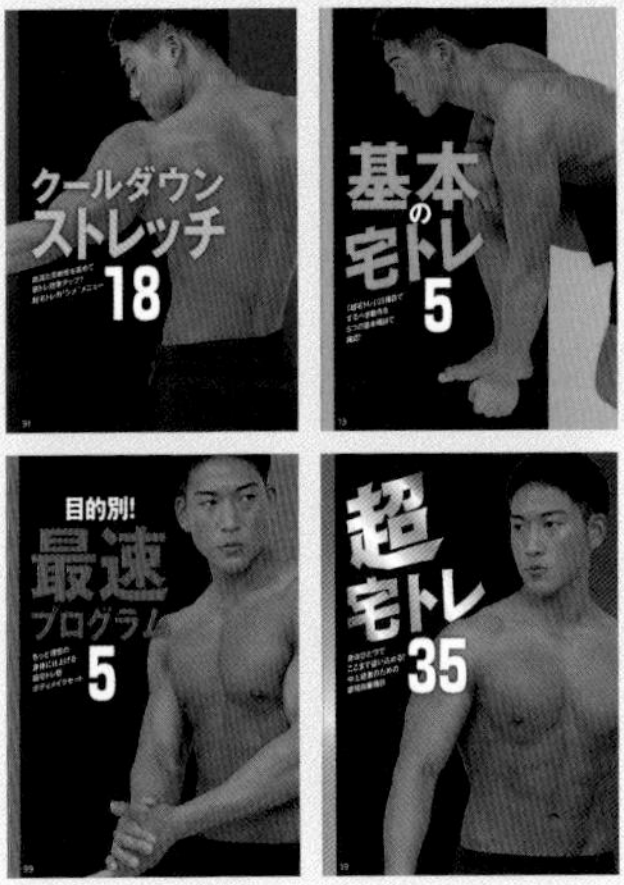

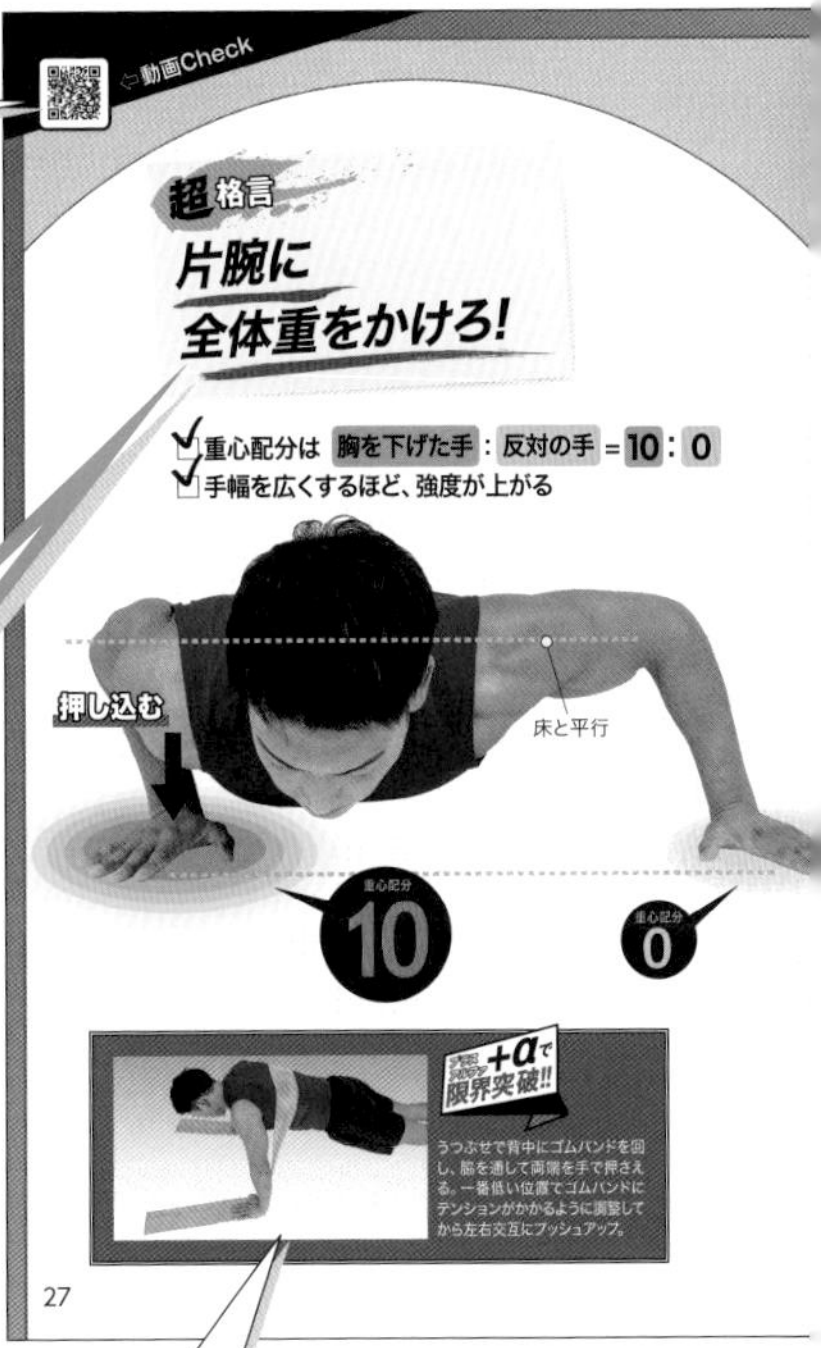

動画Check
「超宅トレ」35種目を二次元コードから動画でチェック。著者本人による解説付きで、よりマニアックなレベルで動作を細かく確認できる

※端末や通信環境によっては、ご利用いただけない場合や別途通信料金がかかる場合があります。あらかじめご了承ください。

超格言
エクササイズをするうえで一番意識してほしいポイント。既存の宅トレを超えるための重要エッセンスとして、必ず押さえよう

強度アップ法
種目によっては、ゴムバンドなどのアイテムを導入することで、エクササイズ強度を高めることができる。その方法を紹介

（注意）
自宅トレーニングを含む全ての筋トレは、けがのリスクがゼロではありません。特に本書で掲載している種目は高強度のものが多いため、無理をせず、ご自身の筋力に合わせて行ってください。また、持病がある方は、運動を始める前に主治医に必ず相談してください。
なお、机や椅子を使用するエクササイズについては、机や椅子はグラつきにくく安定したものを選び、転倒や落下に注意してください。

宅トレ大前提

負荷は知識で上げられる

筋肉には工夫次第で、極めて高い負担をかけられる。そのために必要な知識の解説を動画にまとめたので、まずは右上の二次元コードから確認してほしい。

コンセントリック収縮

発揮筋力が負荷より大きい

筋肉は短縮する

アイソメトリック収縮

発揮筋力と負荷が等しい

筋肉の長さは変わらない

エキセントリック収縮

発揮筋力が負荷より小さい

筋肉は引き伸ばされる

トルク

関節を動かす力＝モーメントアーム×負荷

トルク アームカールにおけるモーメントアームが0.4m、ダンベルが10kgの場合は0.4×10=4がトルク（肘関節を引き延ばそうとする力）

モーメントアーム アームカールにおける肘関節とダンベルの距離

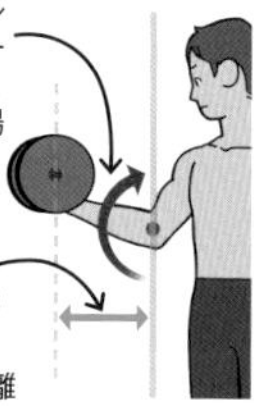

これらの知識をどう実践に活かすのか。例えば腕立て伏せ。大胸筋が体重よりも大きい力を発揮していると体は上昇（コンセントリック収縮）し、小さい力しか発揮していないと体重を支えられず下降（エキセントリック収縮）する。ここから、腕立て伏せは下降のほうが筋力発揮が小さい＝大胸筋がラクをしていることがわかる。

仮に体重60kgとして、筋力発揮が59kgならばゆっくり下降していくが、30kgの筋力発揮ではストン！と落ちるように下降する。つまり、可能な限りゆっくり下降したほうが、大きく筋力発揮しているということであり、それだけ筋肉に負荷をかけられるということ。

そして、手をつく位置。手幅が広いほど肩関節と手の間のモーメントアームが長くなるため、トルクが上がる。肩関節から、より遠くに手をつくほうが、大胸筋の負担が大きくなるのだ。

このように**器具がなくても知識さえあれば、筋肉に大きな負担をかけられる**。すべてを始める前に、ここで知識をしっかりとつけること。それが、これまでの宅トレを超えるための秘訣である。さあ、ここから大いに筋肉を鍛えていこう！

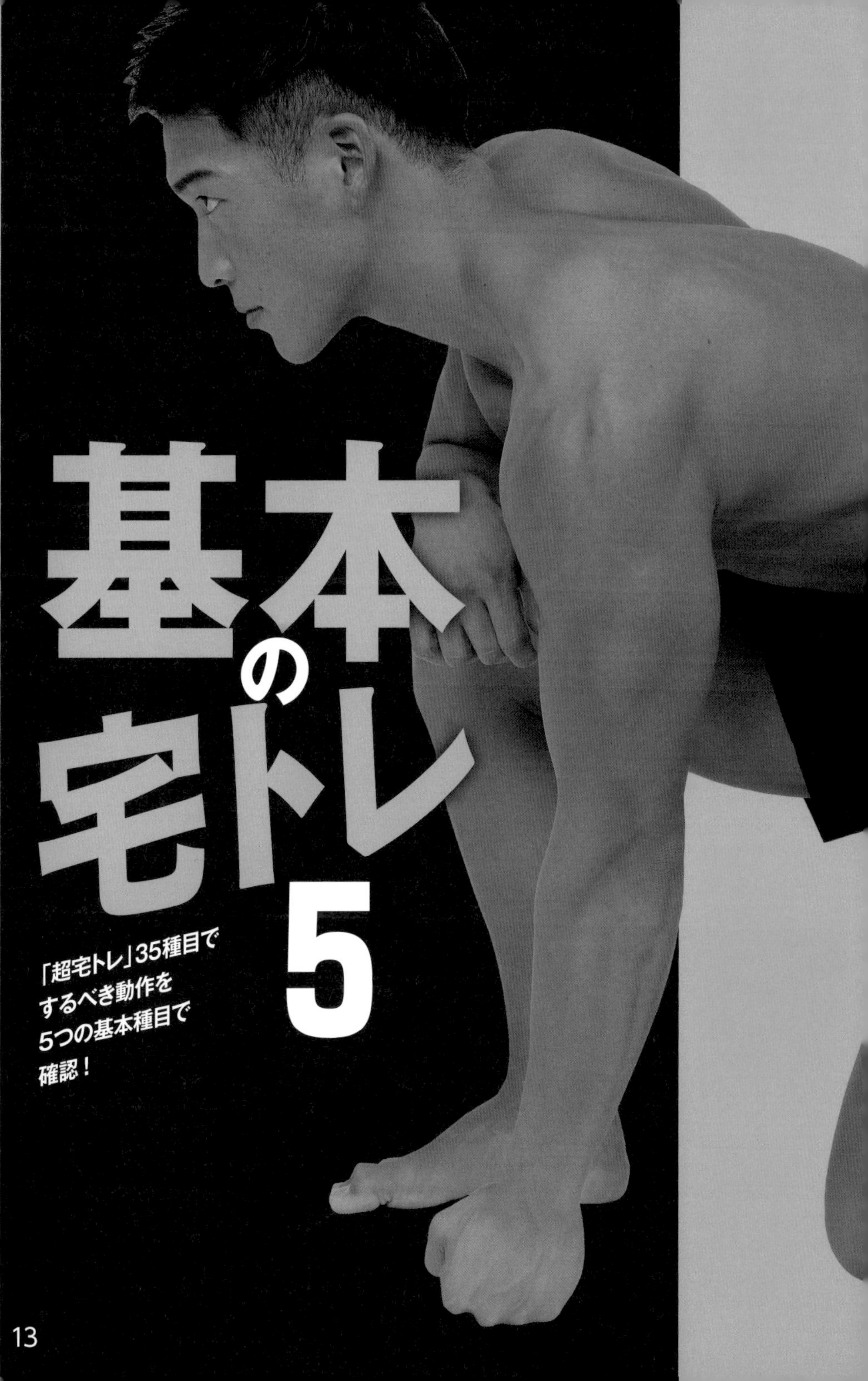

基本の宅トレ5

「超宅トレ」35種目で
するべき動作を
5つの基本種目で
確認！

胸に効く！

❶大胸筋
❷三角筋
上腕三頭筋、
前鋸筋、腹直筋、
腸腰筋、
大腿四頭筋

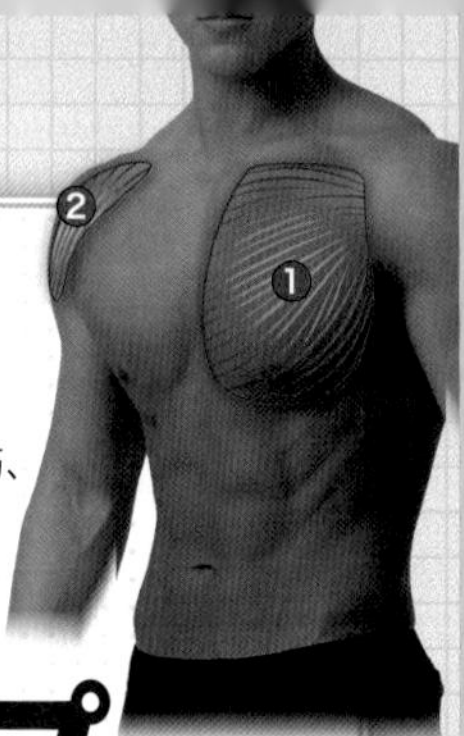

2
1

基本の宅トレ

01 プッシュアップ

15回×3セット

床を全力で押し込む！

スタートポジションでは、肩からかかとまでは一直線にしておきながらも、肩甲骨をやや開き少し腰を丸めておこう。そうすることで終始体幹部から力を抜かずに動作できる。そして、床まで下げた胸を押し上げる際に手と足とで床を強く押し込むことで、脚までも動員できるように。プッシュアップは、胸を中心とした全身運動として認識してほしい。

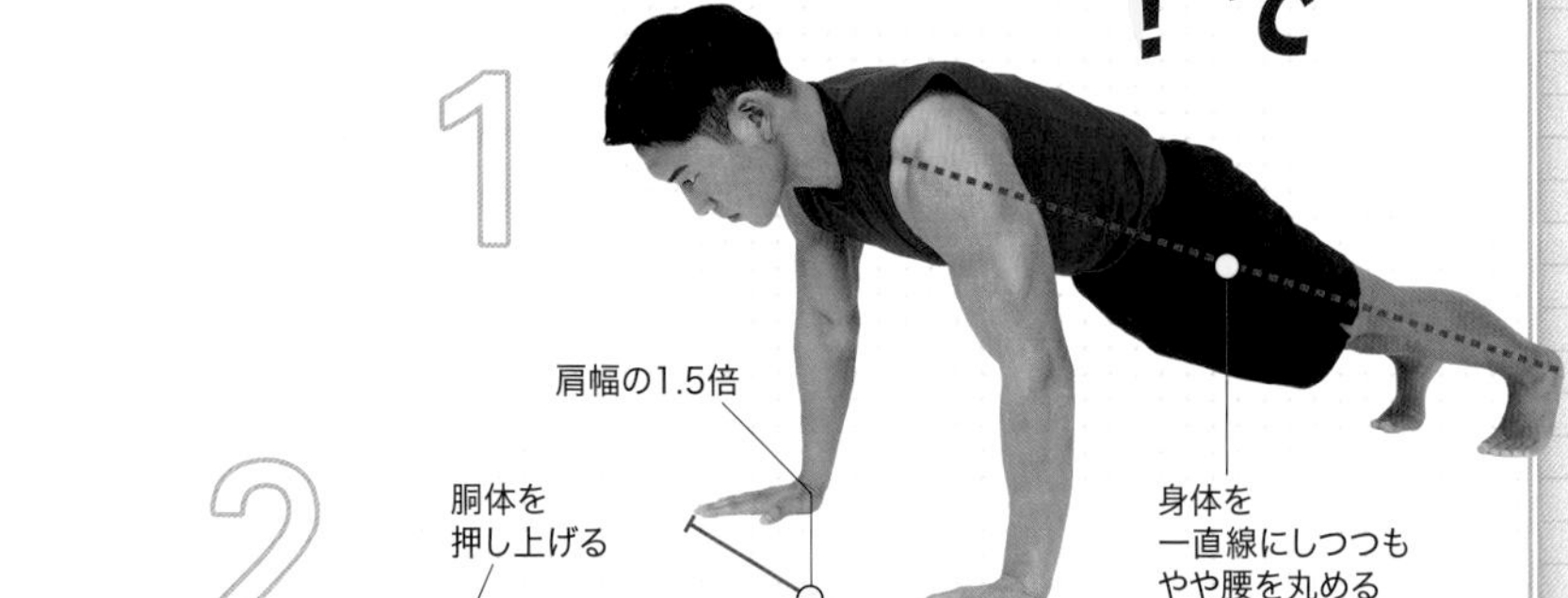

1
肩幅の1.5倍
身体を
一直線にしつつも
やや腰を丸める
2
胴体を
押し上げる
肘を横に
張り出す
両手足で
床を押し込む

2秒で下ろして1秒キープ、一気に押し上げる

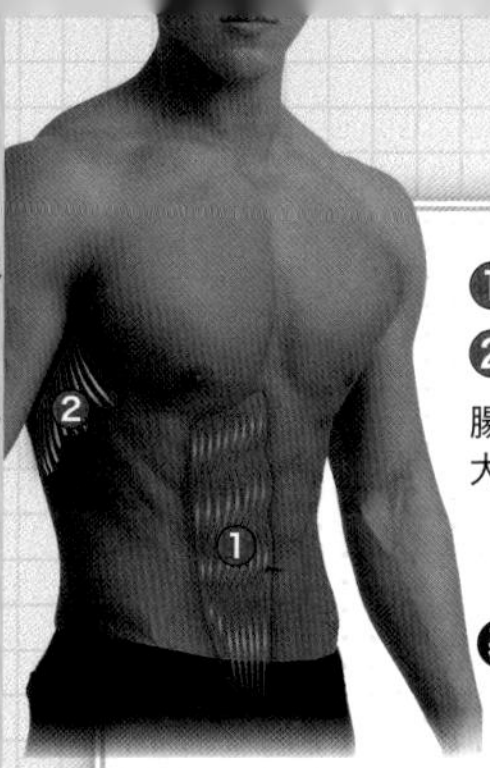

❶腹直筋
❷前鋸筋
腸腰筋、
大腿四頭筋

腹に効く！

基本の宅トレ

02 プランク

2分間、静止

必ず腰を少し丸める！

身体を板のようにまっすぐにするイメージが強いプランクだが、実際は腰をやや丸めた姿勢を作ることが大切。そうすることで終始体幹部から力を抜かずに動作できるようになるからだ。2分間姿勢をキープしている間、肘と足先とで床を強く押し込むことで、その他の筋肉すべてに刺激を入れることができる。

身体を一直線にしつつも
やや腰を丸める
両肘、両足で
床を押し込む

やや腰を丸める意識で2分間姿勢をキープ

腹に効く！

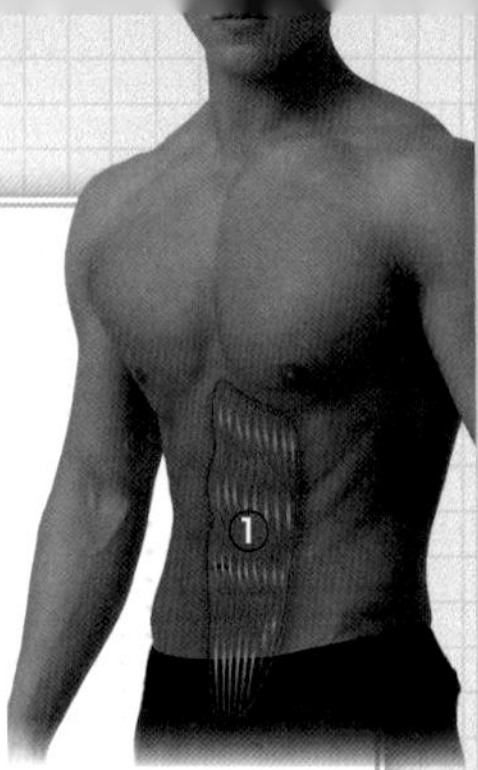
❶腹直筋
❶

基本の宅トレ

03 クランチ

20回×3セット

さらに「ひと押し込み」！

いわゆる腹筋運動だが、意識として大切なのは「起き上がる」ではなく「肋骨を恥骨に近づける」こと。最も引きつけたところから、さらにもう一息、近づける努力をプラスすることで、腹直筋が最大限に縮む＝強い刺激が入る。頭の後ろで組んだ手は、添えておく程度。手で頭を引っ張らないこと。また、完全に起き上がろうとしてしまうと、ただの休憩になってしまうので注意。

1
90度くらいに
曲げる
頭の後ろで軽く組み、
肘は開く

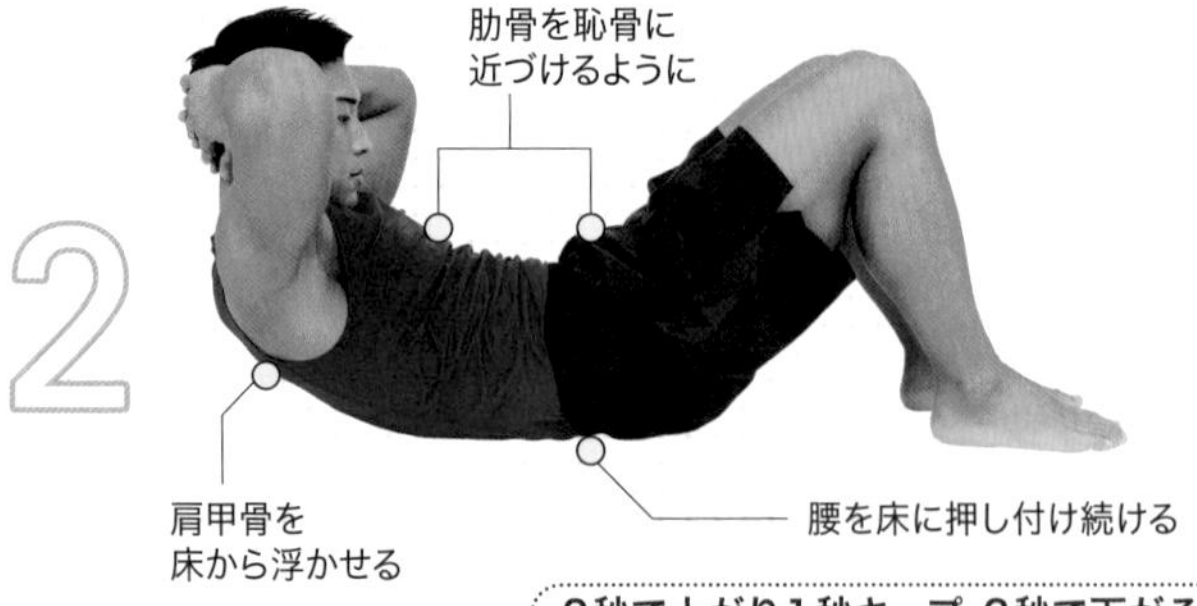
2
肋骨を恥骨に
近づけるように
肩甲骨を
床から浮かせる
腰を床に押し付け続ける

2秒で上がり1秒キープ、2秒で下がる

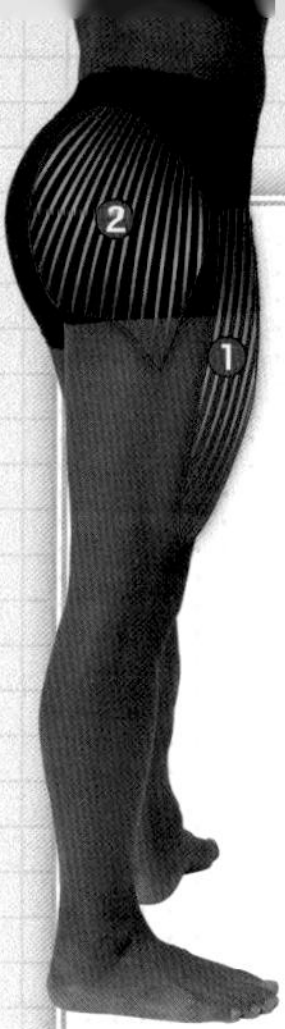
②
①

❶大腿四頭筋
❷大臀筋
ハムストリングス

脚に効く！

基本の宅トレ

04 スクワット

20回×3セット

かかと荷重で床を押す！

上体の前傾と腰の反りを避け、骨盤を可能な限り立てておく。そのうえでかかとに荷重し、膝を外に開いてしゃがみ込み、そこから床を押し込んで立ち上がることで、特定の筋肉というよりも総合力で力を発揮することができる。かかとで床を押し込むために必要なのは、かかとが浮かないこととニーインしないこと。スクワットといえば、つま先より前に膝が出ないように言われるが、かかと荷重をしっかりしていれば、意識せずとも前に出ることはない（左図）。

1
軽く外向き
腰幅に開く

2
床と平行になるまでしゃがむ

2秒で下がり、2秒で上がる

脚に効く!

1
2

❶大臀筋
❷ハムストリングス
大腿四頭筋

基本の宅トレ

05 ランジ

20回×左右交互に3セット

重心配分前後6：4

片脚を前に踏み出し、後ろの膝を床につける。そこから前後ともに膝が90度になる位置を探し、立ち上がったところがセットポジションとなる。上体をやや前傾させて重心の配分を前後で6：4にすることで、前脚の大臀筋と後ろ脚の大腿四頭筋（特に大腿直筋）が優先的に刺激される。腰を落とすのはゆっくりと真下に。軌道がずれると、バランスが崩れてつま先より前に膝が出るので注意。

1

かかとは
床につけない

2

2秒で下がり、2秒で上がる

SET

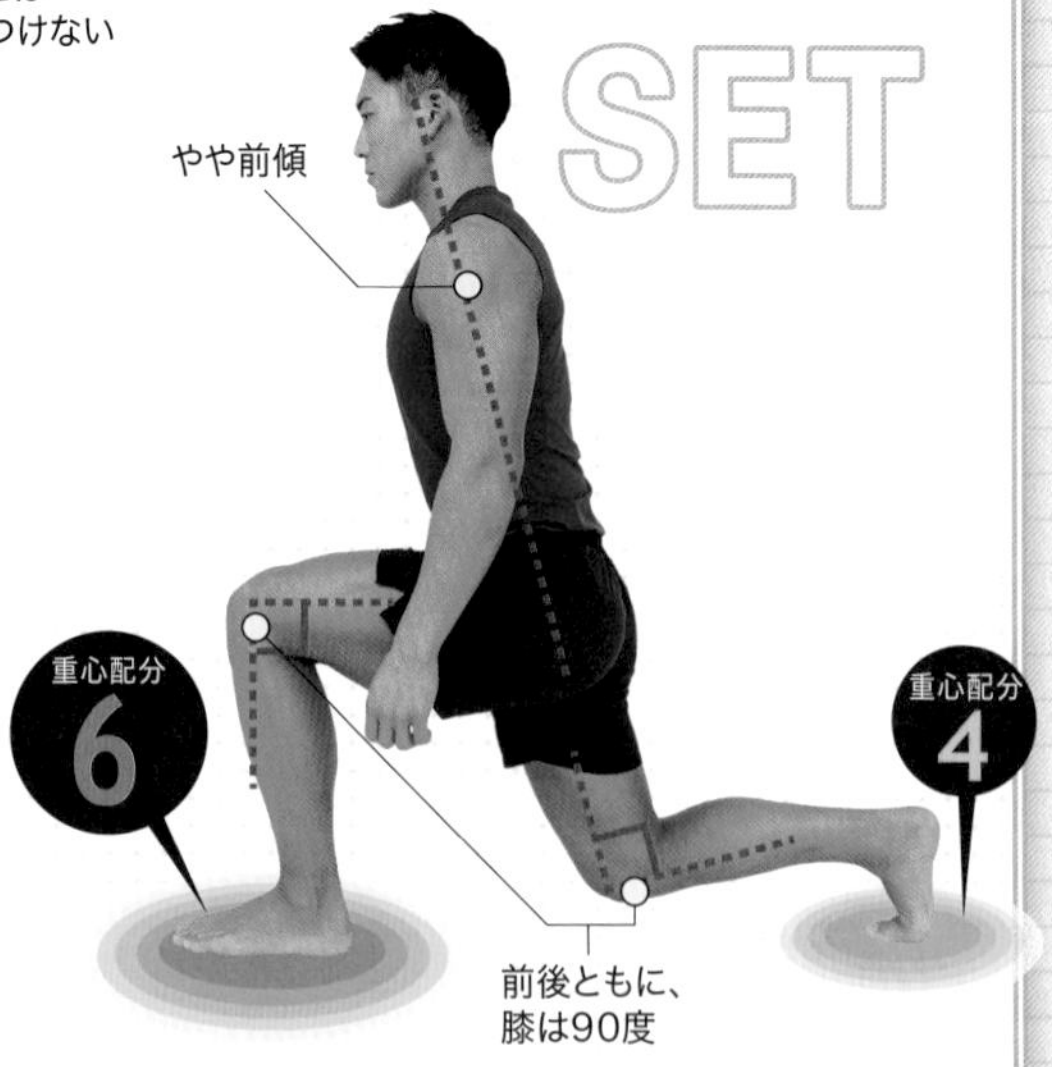
やや前傾
重心配分
6
重心配分
4
前後ともに、
膝は90度

超宅トレ35

身体ひとつで
ここまで追い込める！
中上級者のための
最強自重種目

胸に効く!!

❶大胸筋 ❷三角筋 ❸上腕三頭筋
前鋸筋、腹直筋、腸腰筋、大腿四頭筋、中臀筋、大臀筋

超宅トレ 01

ラテラルニー プッシュアップ

中級　上級　MAX

15回×左右3セット

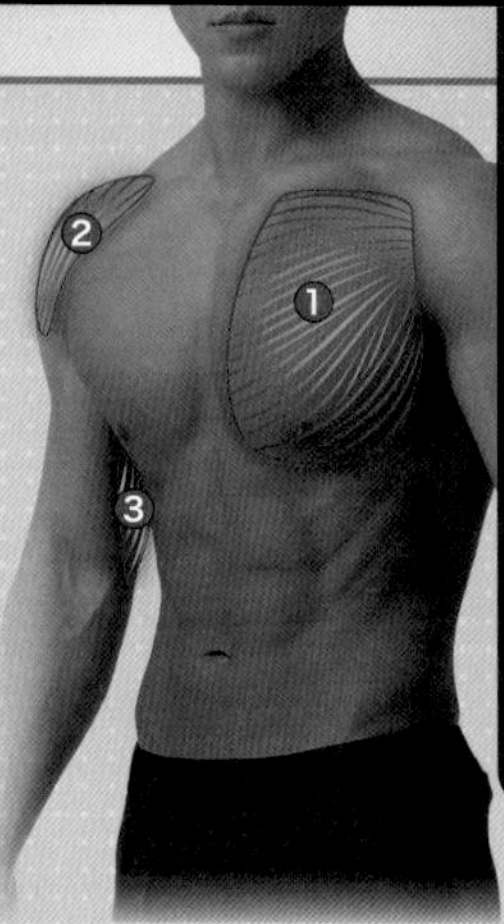

❶
❷
❸

1
プッシュアップと同姿勢
床から浮かせて準備
2
下がりながら膝を肘に近づける

2秒で下がり、2秒で上がる

超理論
動きのなかでの筋力発揮

NG

図1
骨盤の横回転はNG

通常のプッシュアップに膝の引き上げを加えることで、引き上げている膝側の胸に、より負荷がかかる。下半身に重心不安定が発生している状態で、上半身の筋力発揮をする＝動きがあるなかでの筋力発揮を促すという点においても、この種目が選出されたポイントといえる。

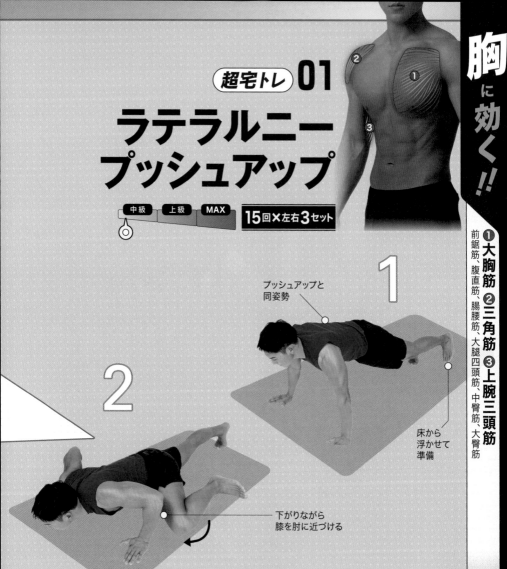

⇦動画Check

超格言

膝を上げても ボディは傾けない！

☑身体は常に床と平行
☑腰の反りに注意

NG

床と平行
股関節の柔軟性が必須
床から引き上げ

また、膝の引き上げ動作を正しく行うためには股関節に十分な柔軟性が必要になる。実践を経て「膝が肘に近づかない」「近づけようとすると骨盤が回転してしまう（図1）」など、自身の柔軟性不足を感じたら、超宅トレへの挑戦権をまだ得ていないということ。努力不足あるいは偏りを受け止めたうえで柔軟性の獲得を優先すべき、と解釈を。

正しく行うことができるようになれば臀部の強さも要求されるため、胸部を中心とした全身運動として活用することができる。

胸に効く!!

超宅トレ 02 ストリクトアームサイクル

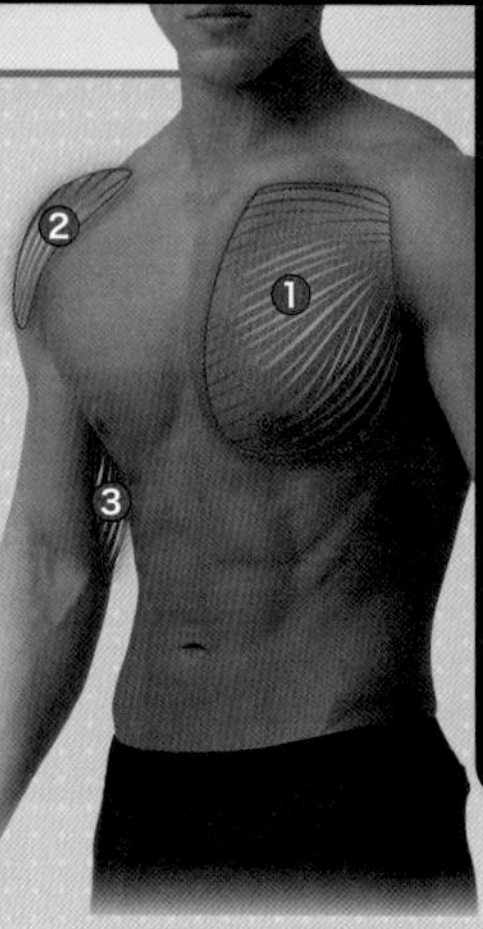

1
2
3

❶大胸筋 ❷三角筋 ❸上腕三頭筋
前鋸筋、腹直筋、腸腰筋、大腿四頭筋、腹斜筋

中級 上級 MAX

3セット

（1セット＝右スタート15回＋左スタート15回）

1
プランクと同姿勢
2でここに右手をつく
2
3でここに左手をつく

1～4で1回とカウント。手の置き換えをスムーズに

超理論

厳密に動作する

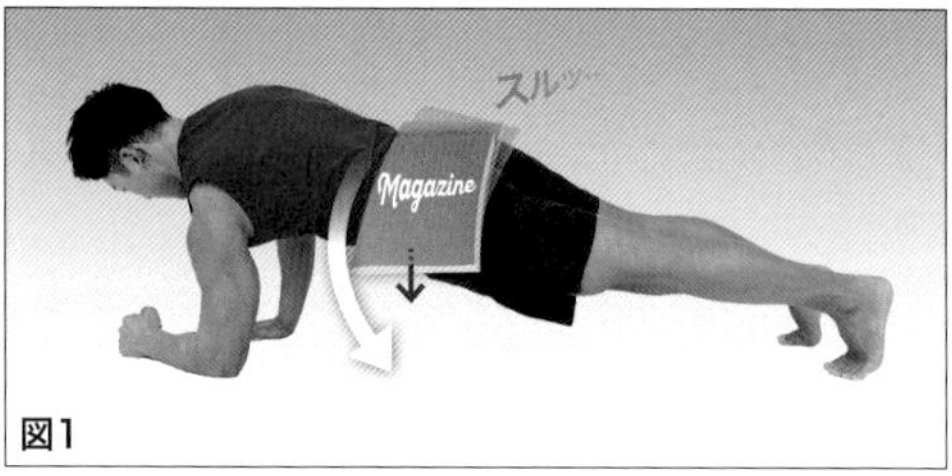

スルッ
Magazine

図1
腰に雑誌などを置いて行うと、わかりやすい

はじめにプランクの姿勢を作ったら、動作中も常に身体と床の平行姿勢をキープすること。「ストリクト」とは「厳密に」という意味であることを、しっかり押さえてほしい。

身体のブレや骨盤の回転を

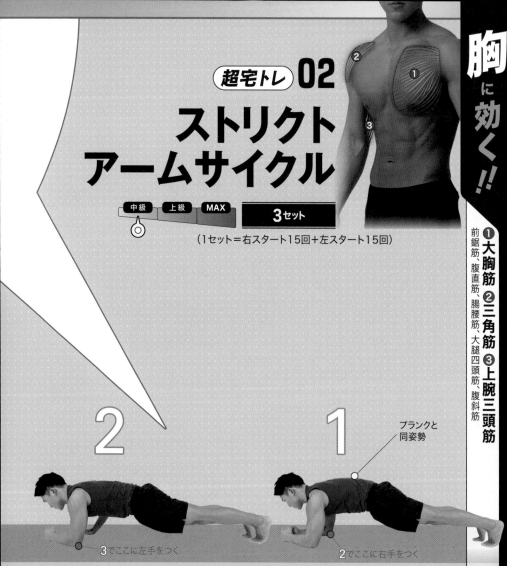

⇦動画Check

超格言
ボディを平行に！絶対に傾けない！

☑胸と床との間の空間をキープ
☑手で床を押し込む力で身体を上げる

NG
押し込む
長方形の
空間を
キープ
4
3
プッシュアップと
同姿勢
ここに左肘をつけて、
1に戻る
4でここに右肘をつける

抑制するためには、手で床を強く押し込む力と腸腰筋・腹斜筋の協働が必要になる。終始、体幹を強く使い続けるため、動作と体幹との連動性の向上にも効果的。

　なお、このエクササイズは他のエクササイズと異なり、右スタートと左スタートをそれぞれ15回行って、初めて1セットとする。動作の負荷が大きくない分、回数を重ねて筋肉にしっかり効かせよう。

　平行をキープする感覚を養うのに、背中に雑誌などを置いて行うとよい。簡単にできてしまいそうに見えるかもしれないが、実際にやってみると意外と落ちてしまうものだ（図1）。

胸に効く!!

超宅トレ 03

ラテラルハンドウォーク

中級　上級　MAX

15往復×3セット

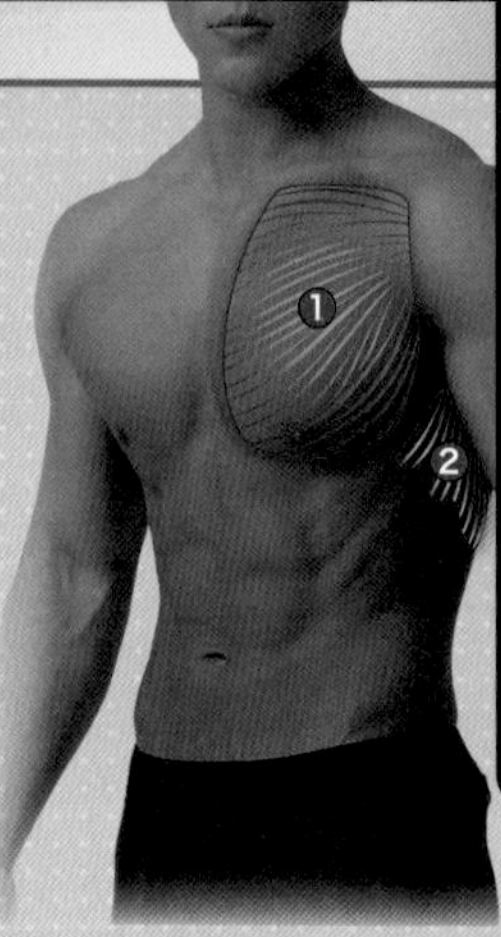

①
②

①大胸筋 ②前鋸筋

腹直筋、腸腰筋、大腿四頭筋

1
プッシュアップと同姿勢
2
片手を1歩外に広げる
3
反対の手を1歩外に広げる
左右合わせて4歩。同じ歩数で1に戻る

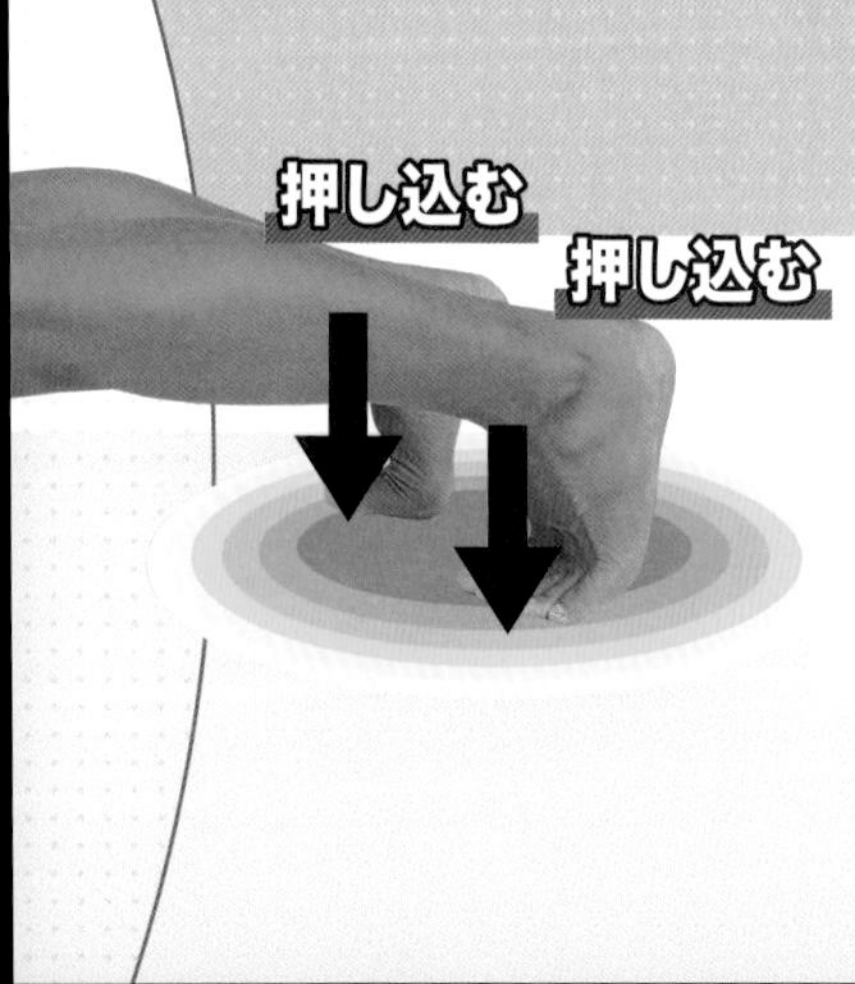

押し込む
押し込む

超理論

てこの原理を活用

プッシュアップの姿勢から手幅を最大限まで広げていく。「最大限」というのは、元の姿勢にギリギリ戻れる位置と解釈を。てこの原理からいって、最大限に広げた状態が大胸筋に最も負荷をかけられる。より強い刺激を求める場合は、手幅が狭い時間（動作2、3）を極力短くして、すぐに手幅を広げるように動作するとよい。ただし、都度静止することを忘れずに。

⇦動画Check

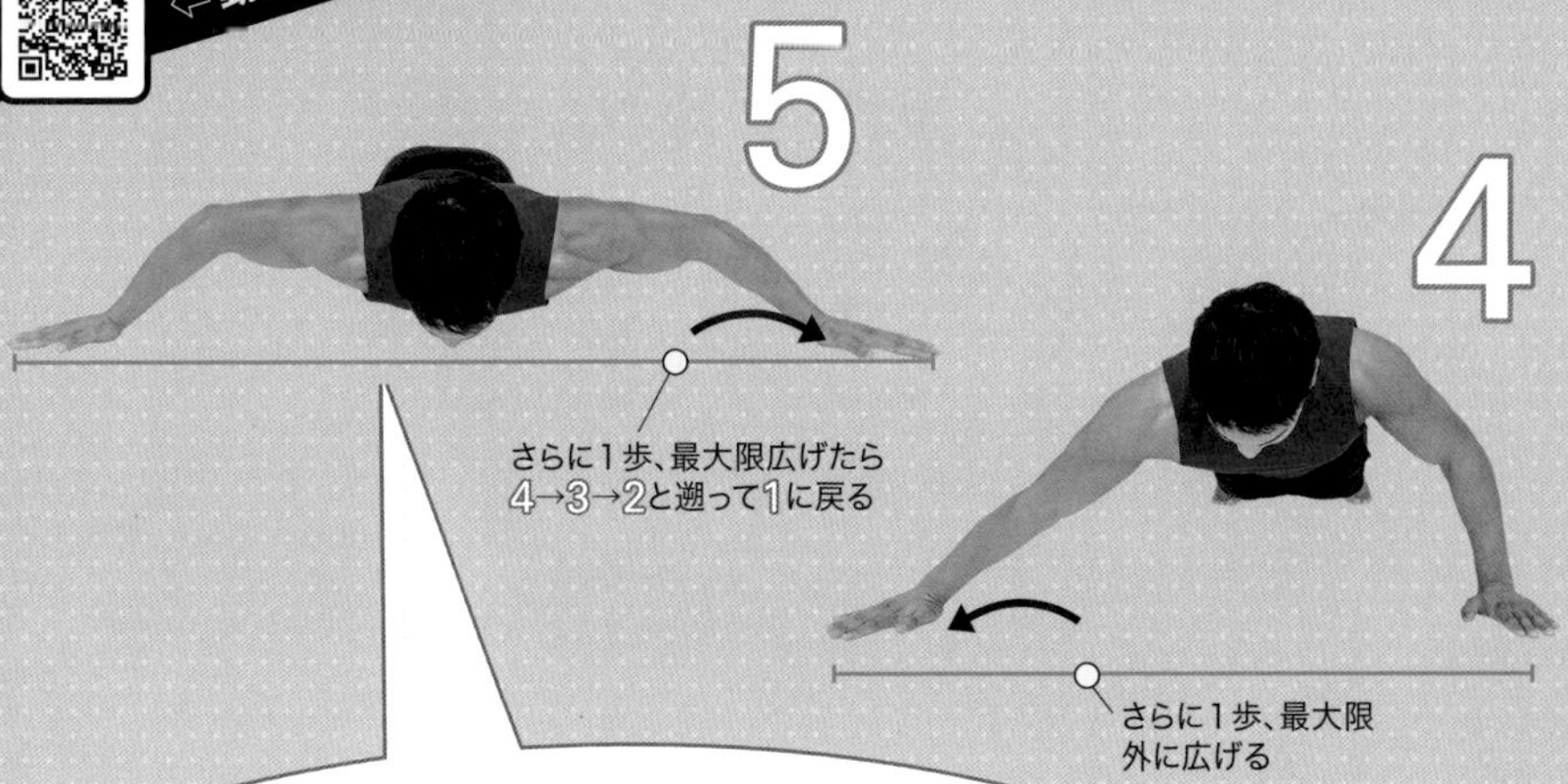

5
4
さらに1歩、最大限広げたら
4→3→2と遡って1に戻る
さらに1歩、最大限
外に広げる

超格言

可能な限り、大きく広げる！
絶対に腰を反らさない！

- ☑体幹をしっかり固める
- ☑手とつま先で床を押し込む

床と平行
体幹固定
押し込む

超宅トレ 04

オルタネイトプッシュアップ

中級　上級　MAX

15回×3セット

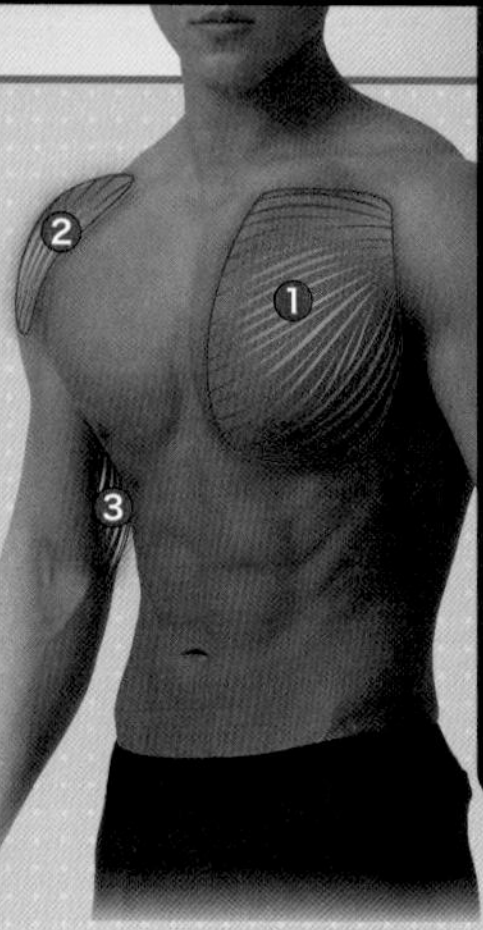

❶
❷
❸

胸に効く!!

❶大胸筋 ❷三角筋 ❸上腕三頭筋
前鋸筋、腹直筋、腸腰筋、大腿四頭筋

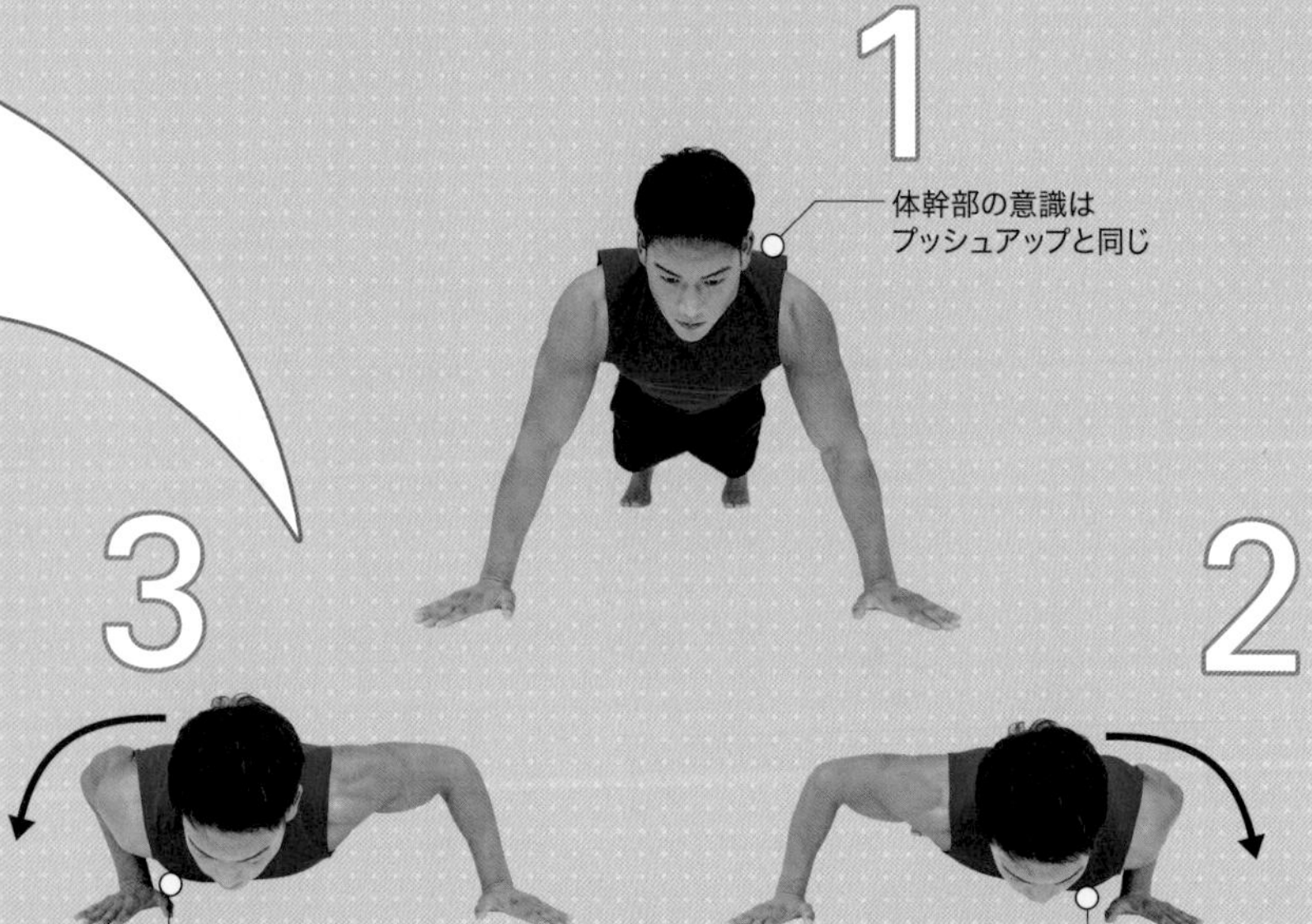

1
体幹部の意識は
プッシュアップと同じ
2
片胸を床に近づけて
1に戻る
3
反対の胸を床に近づけて
1に戻る

1秒で下がり、1秒で上がる

超理論

競技者にも効果的

実質的にシングルハンドプッシュアップの状態を作ることになるが、シングルハンドが上腕三頭筋に強くアプローチするのに対して、この種目は肩関節の水平屈曲ポジションが取れるフォームになるため、大胸筋を強く刺激できる。

「ラテラルハンドウォーク」（P24）同様、手幅を広げるほどに大胸筋への刺激が強くなる。片手で押し込む力もつくためスポーツパフォーマンスの向上も期待できる。

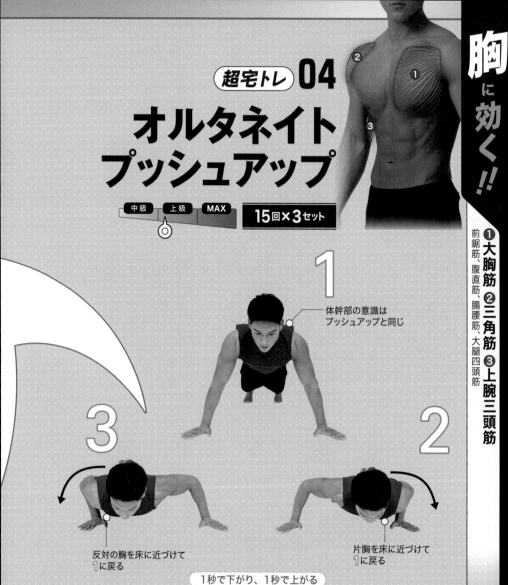

⇦動画Check

超格言

片腕に全体重をかけろ!

- ☑重心配分は 胸を下げた手：反対の手＝10：0
- ☑手幅を広くするほど、強度が上がる

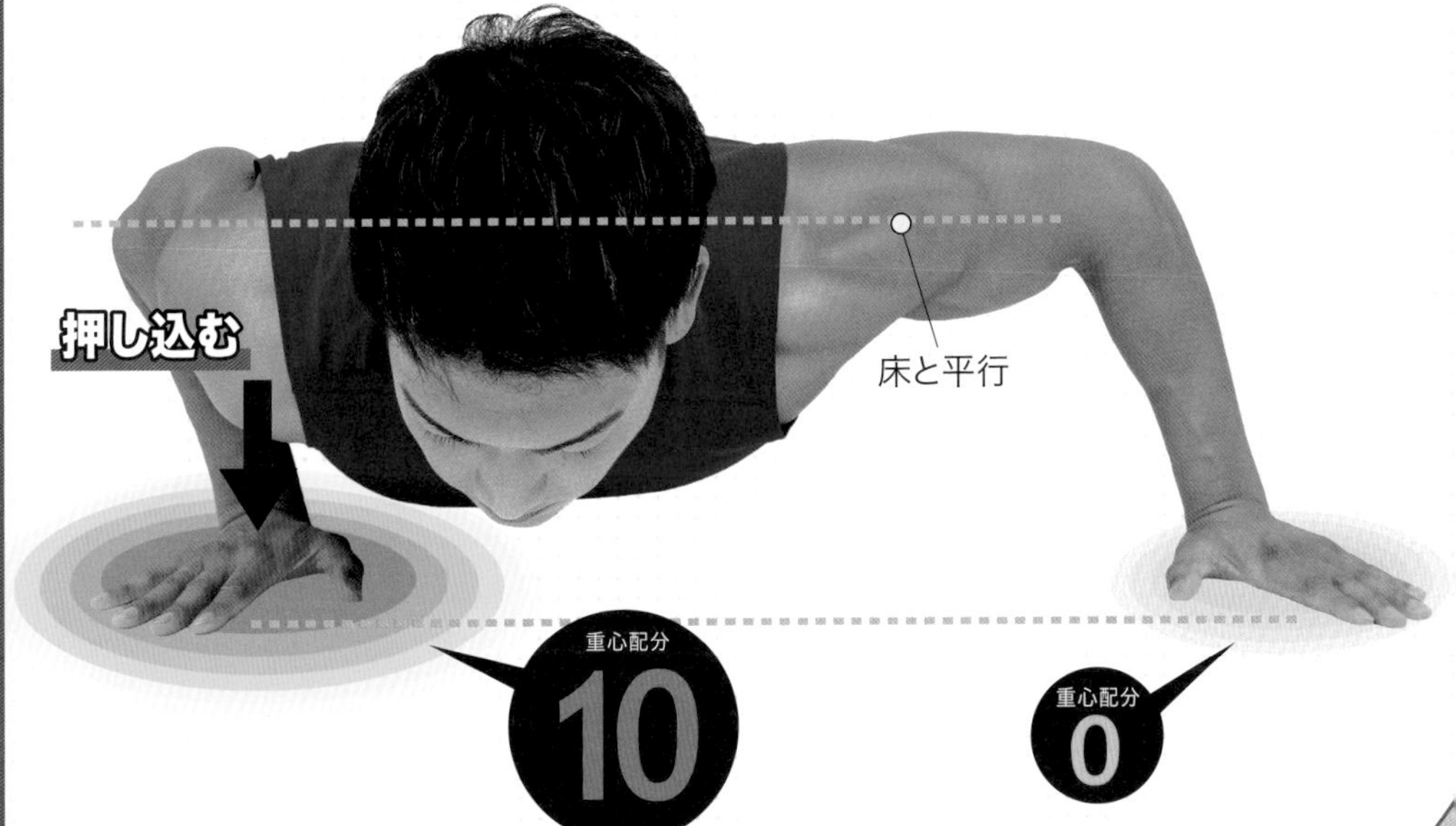

+α《プラスアルファ》で限界突破!!

うつぶせで背中にゴムバンドを回し、脇を通して両端を手で押さえる。一番低い位置でゴムバンドにテンションがかかるように調整してから左右交互にプッシュアップ。

胸に効く!!

❶**大胸筋** ❷**三角筋** ❸**上腕三頭筋**
前鋸筋、腹直筋、腸腰筋、大腿四頭筋

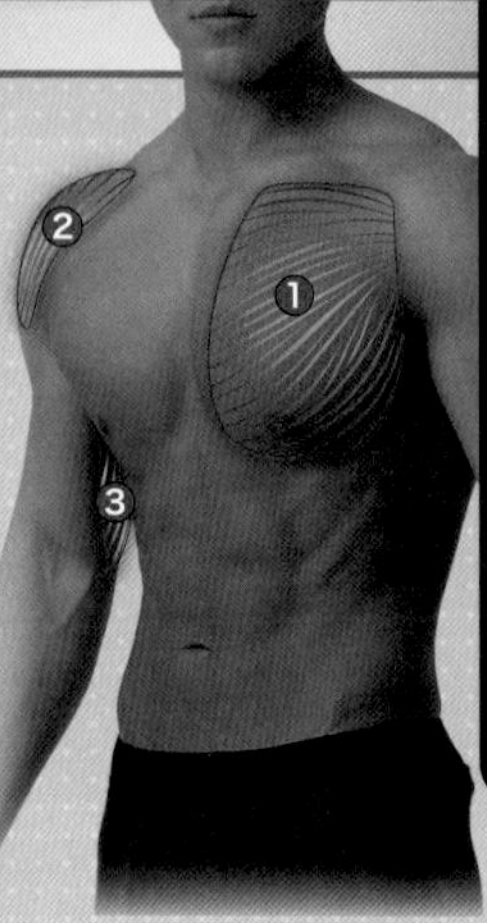

2
3
1

超宅トレ 05

アシンメトリープッシュアップ

中級　上級（◎）　MAX

15回×左右3セット

2
1
肘は常に
上を向く
手先は外向き
（フライ）
手先は前向き
（プレス）
2秒で上がり、2秒で下がる

超理論

求む！肩関節の可動域

フライとプレスを組み合わせているので、手の向きに留意を。手を椅子に置いた側は、てこの原理により手を床についた側よりも大胸筋に大きな負荷をかけられ、床についた側は、同じくてこの原理により椅子に置いた側よりも上腕三頭筋に負荷がかけられる。

　また、フライ動作を行うためには椅子に置いた手の肘を真上に向ける必要があり、相当な肩関節の可動域が必要になる。このエクササイズが上級であるのは、ただ強度が高いからだけでなく、高い柔軟性と適切な可動域が必要であるからだ。

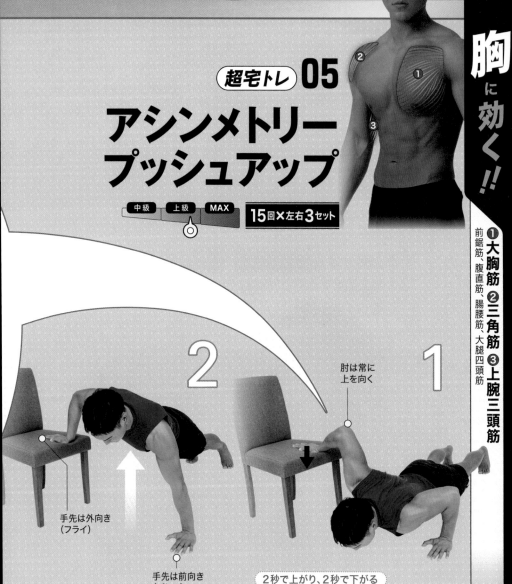

⇦動画Check

超格言

全力で座面を押し込め!

- ☑フライ側の肘は常に高く上向き
- ☑肩に違和を感じたら椅子の高さを調整

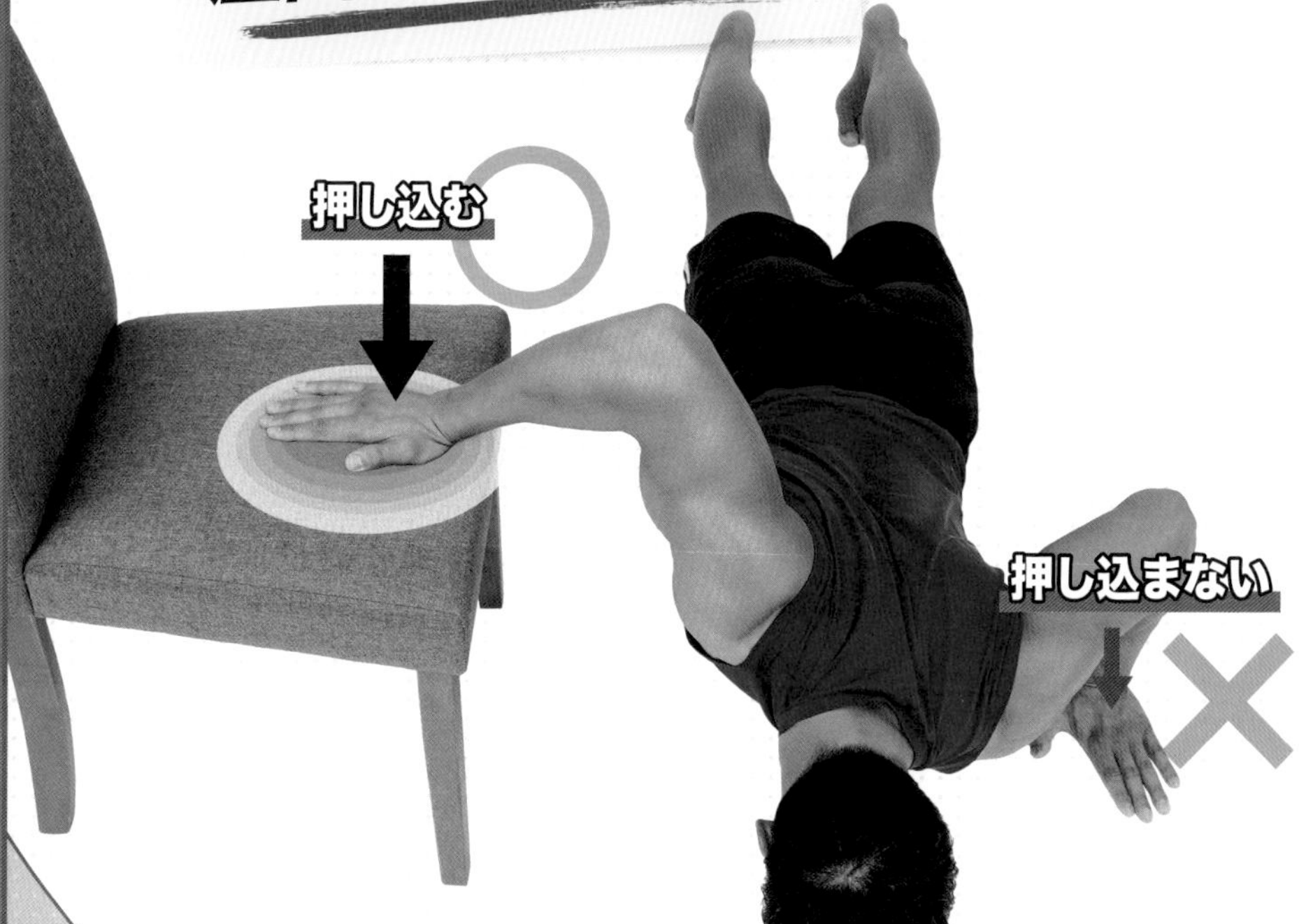

+α《プラスアルファ》で限界突破!!

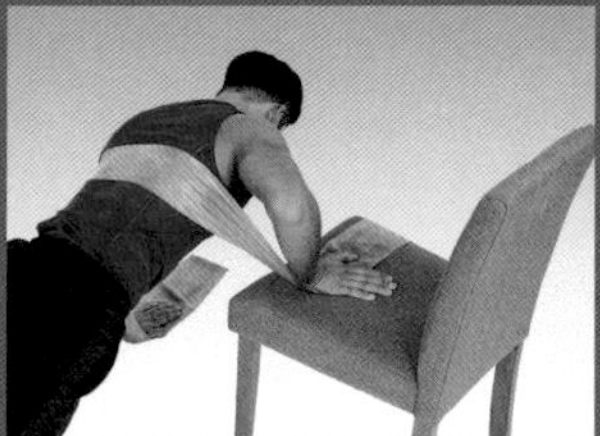

背中にゴムバンドを回し、脇を通して片端は椅子の座面、片端は床の手で押さえる。一番低い位置でゴムバンドにテンションがかかるように調整してからスタート。

胸に効く!!

❶大胸筋 ❷三角筋 ❸上腕三頭筋

前鋸筋、腹直筋、腸腰筋、大腿四頭筋

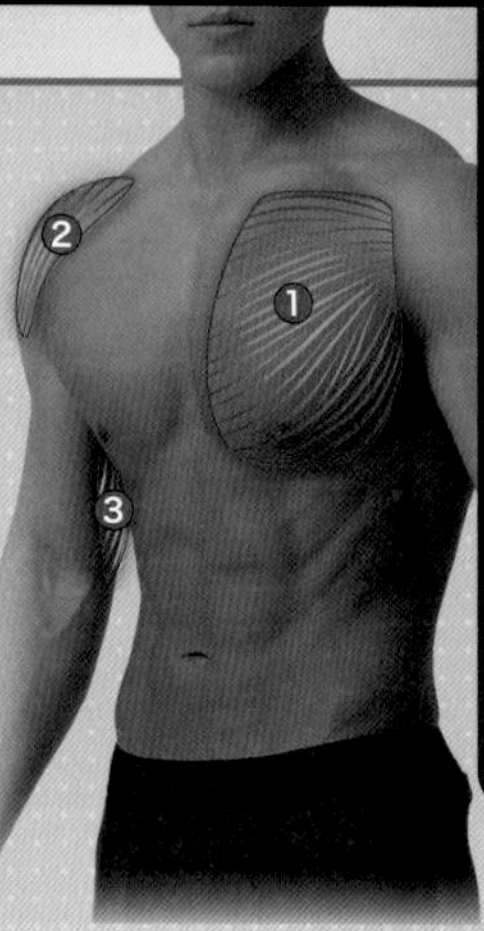

超宅トレ 06

スローダウンプッシュアップ

中級　上級　**MAX**

10回×左右3セット

超格言

座面を強く押し込め！反対の手はギリギリまでつくな！

- ☑ ゆっくり下がる、が最重要ポイント
- ☑ キツいと感じたら体幹への意識を強める

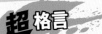

⇦動画Check

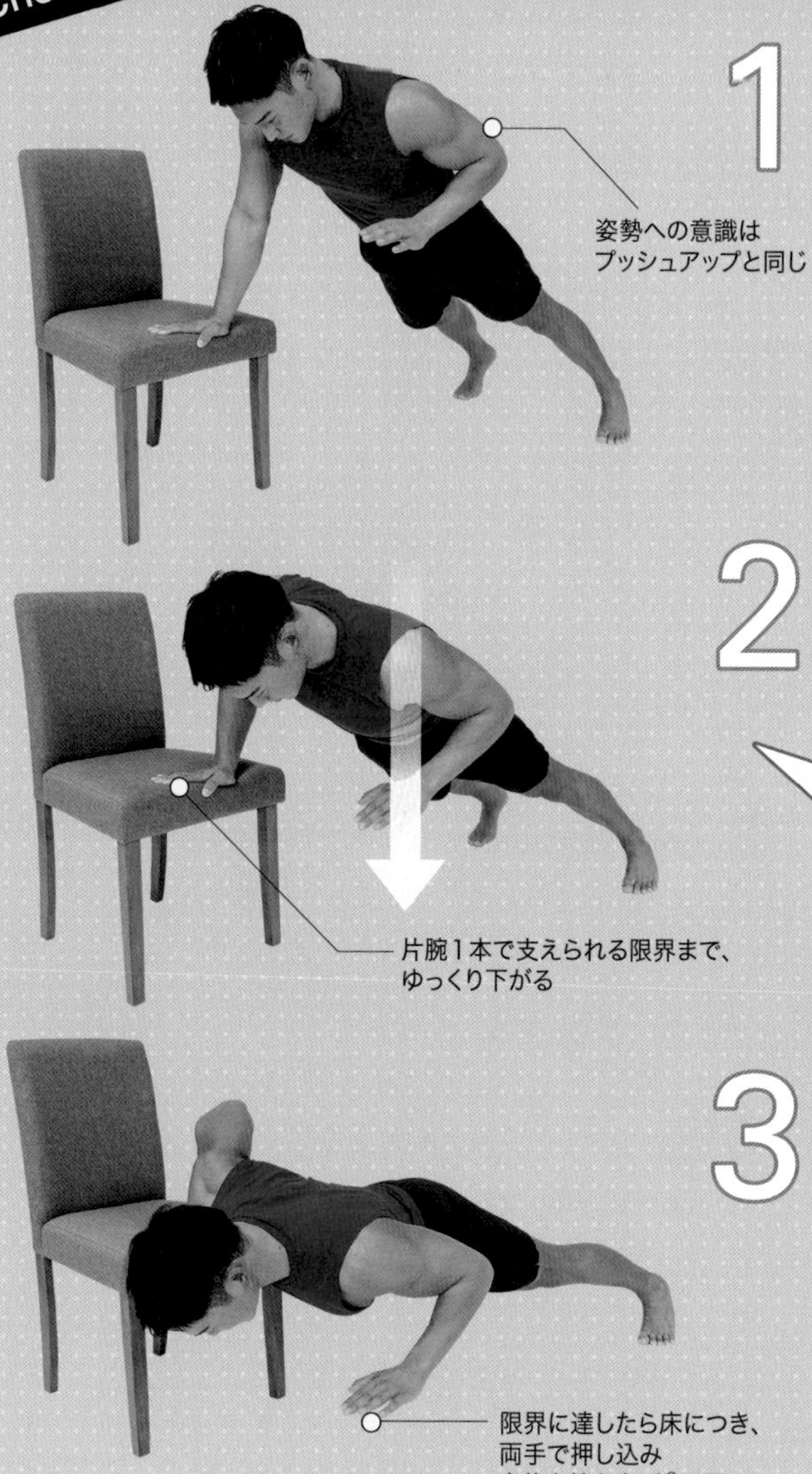
1
姿勢への意識は
プッシュアップと同じ
2
片腕1本で支えられる限界まで、
ゆっくり下がる
3
限界に達したら床につき、
両手で押し込み
身体を持ち上げ1に戻る

5〜8秒かけて片手で下がり、両手で押し戻す

超理論

最大負荷を導き出す

最大8秒という時間を使ってスローに動くことで、主にエキセントリック収縮となり結果として大胸筋と前鋸筋を強く刺激できる。椅子を用いて高さを出すことにより、肩関節の可動域にも最大限アプローチできるため上級エクササイズとなる。

　スロー動作で下がったあとプッシュアップで身体を押し上げるが、可能であればコンセントリック収縮でリフトアップを。大胸筋だけでなく、前鋸筋にも最大負荷をかけられる。椅子が高すぎると肩関節に余計な負担がかかるため、違和感のない高さを探ったうえで行うことも大切なコツとなる。

胸に効く!!

❶大胸筋 ❷上腕三頭筋 ❸腹直筋

腸腰筋、大腿四頭筋

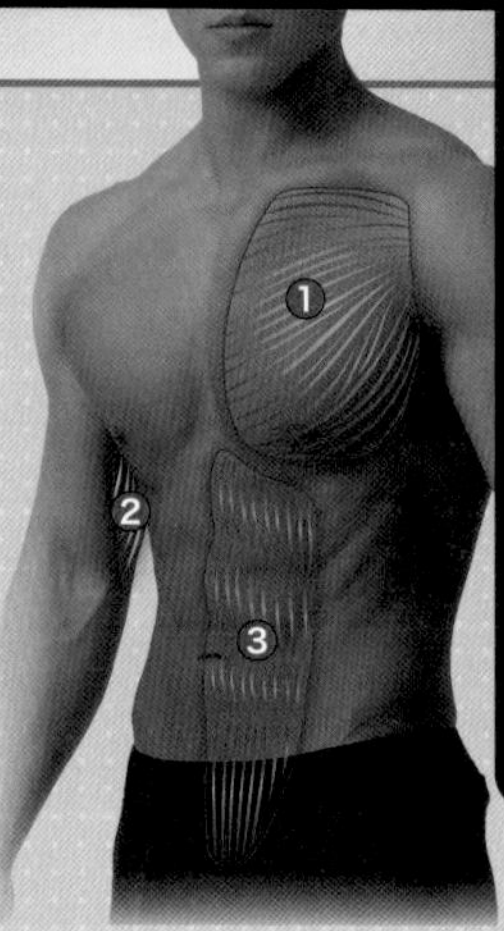

超宅トレ07

ボックスジャンププッシュアップ

中級 上級 MAX

15回×3セット

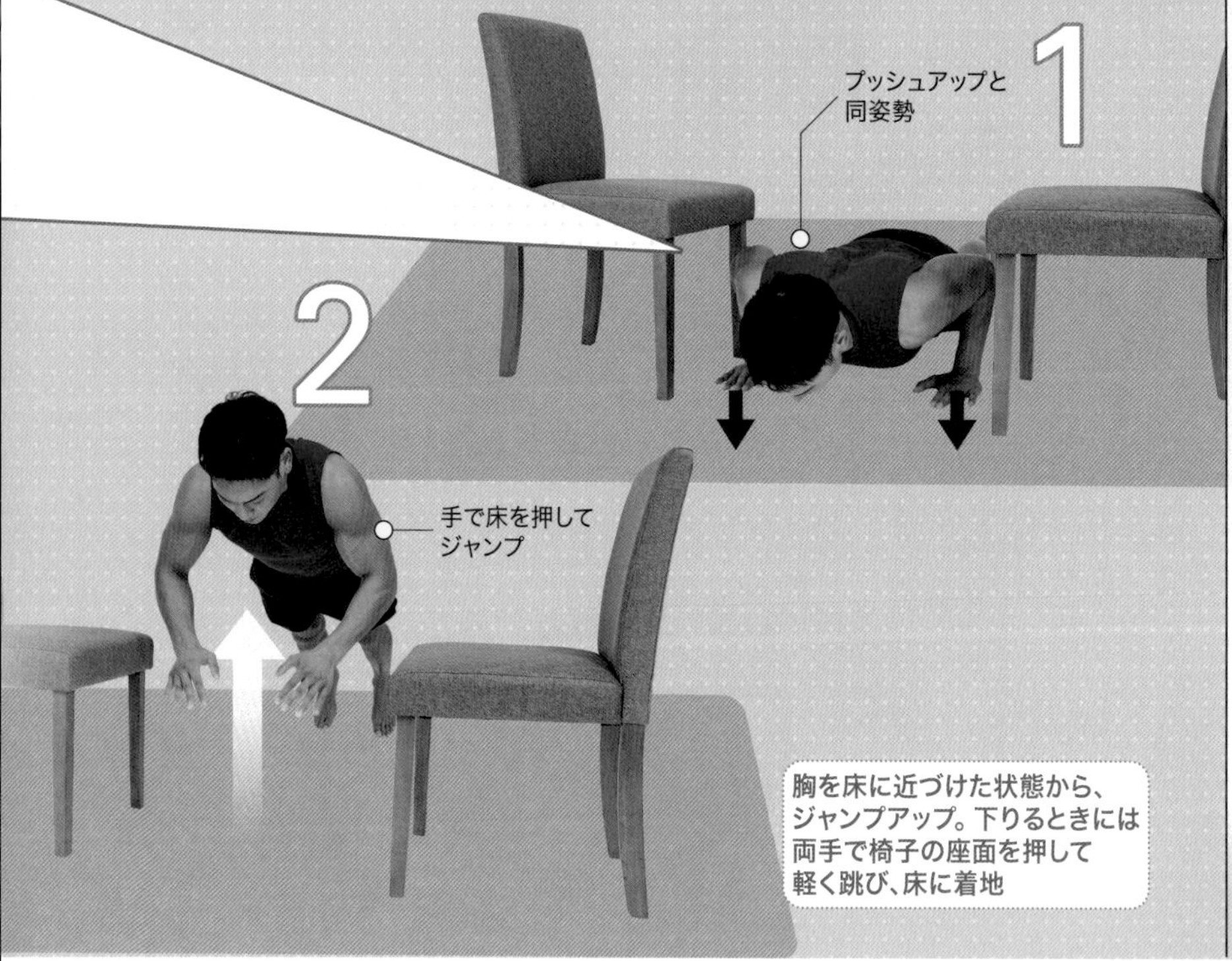

胸を床に近づけた状態から、ジャンプアップ。下りるときには両手で椅子の座面を押して軽く跳び、床に着地

超理論

宅トレ上半身の最高峰

床から無反動で椅子の高さまで跳び上がるには、相当な筋力が必要とされる。また、この動作において腰の反りや丸まりを避け、体幹部をまっすぐにキープするには、相当な体幹力も要求される。つまり、自体重で行う胸部を中心とした上半身のトレーニングにおける最高レベルの強度であると同時に、高強度の体幹トレーニングとしての役目も果たす。

椅子の高さは家庭によるが、高すぎると危険を伴う。まずは、恐怖を感じない高さ（踏み台など、安定性が確かなもの）から始めるとよい。

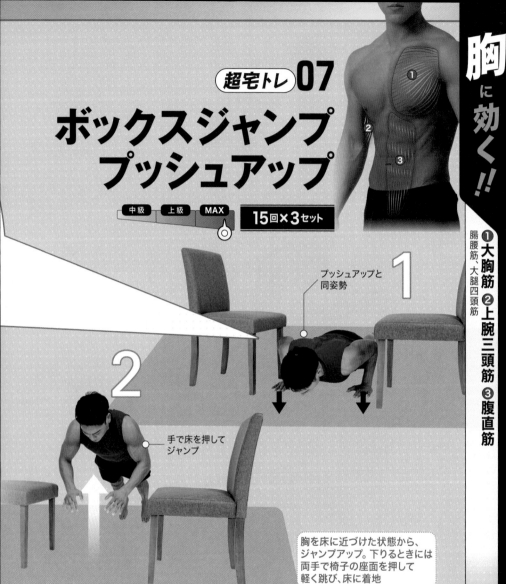

⇦動画Check

超格言

ボディが浮かび上がるほど全力で床を押し込め！

- ✓「椅子に跳び上がる」ではなく「床を押す」
- ✓椅子使用は、高さへの恐怖心がなくなってから

腰を絶対に反らさない
押し込む
押し込む

3

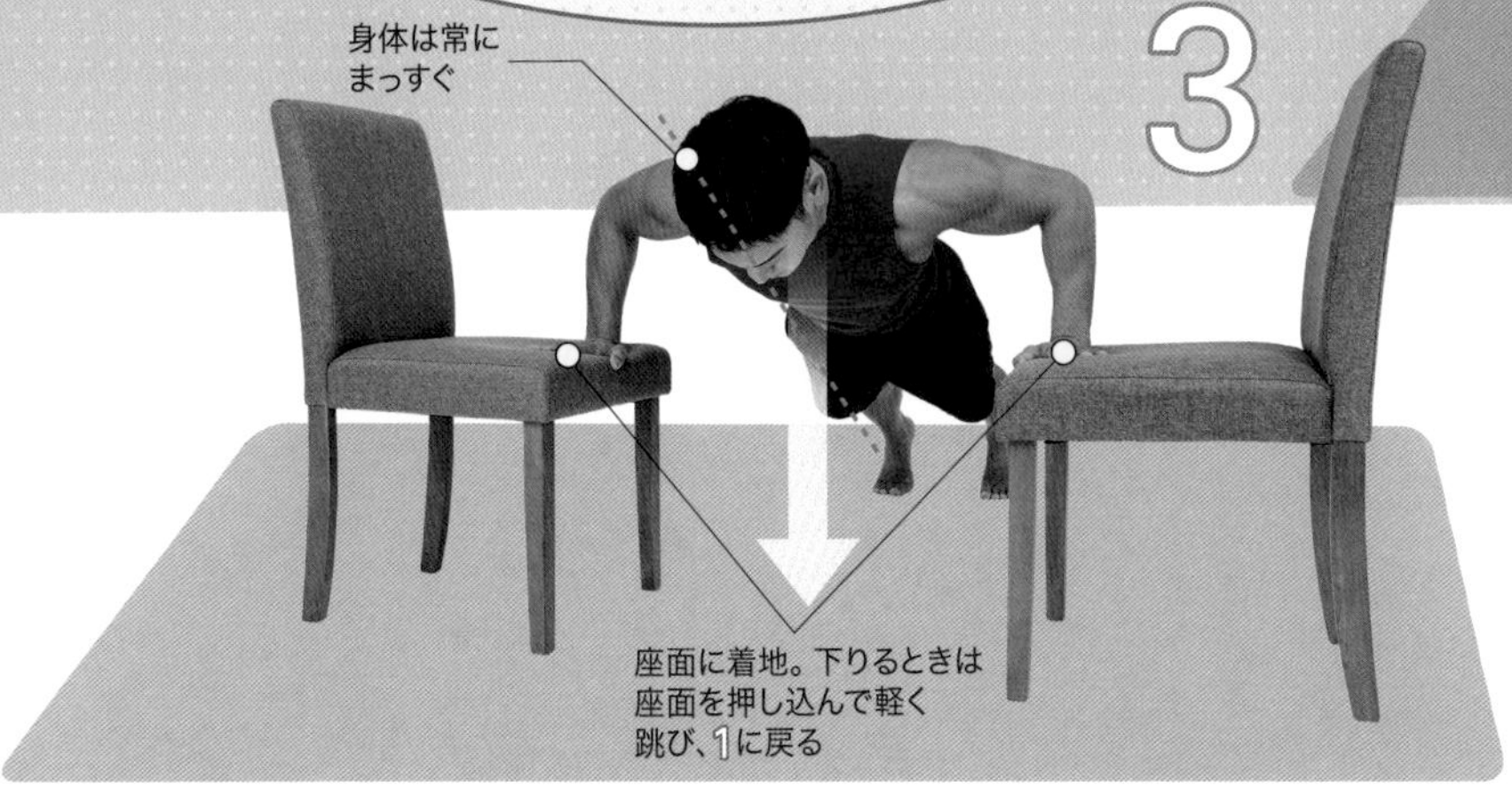

身体は常に
まっすぐ
座面に着地。下りるときは
座面を押し込んで軽く
跳び、1に戻る

超宅トレ 08
ダイアゴナル ニートゥエルボー

中級　上級　MAX

15回×左右3セット

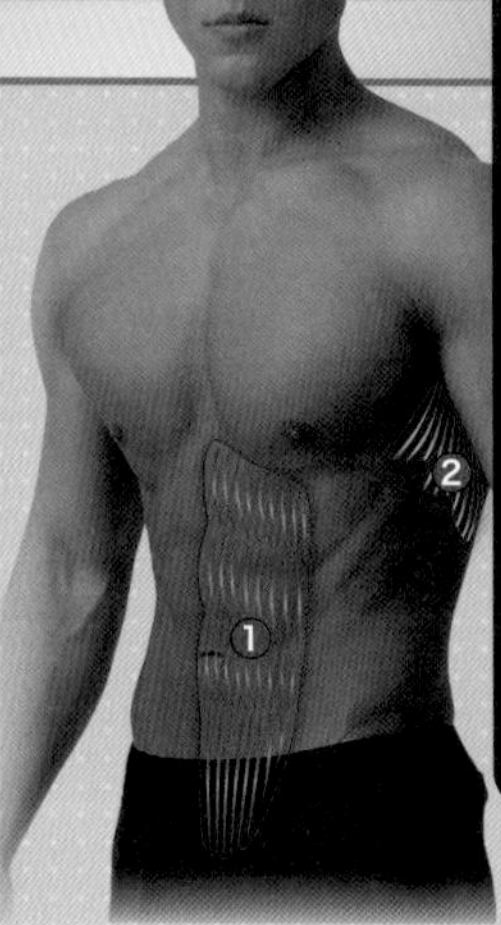
❶
❷

❶腹直筋 ❷前鋸筋
腸腰筋

姿勢の意識はプッシュアップと同じ
1

尻が上がらないように
2

2秒で肘と膝を引きつけ、2秒で戻す

超理論
体幹総合強化種目

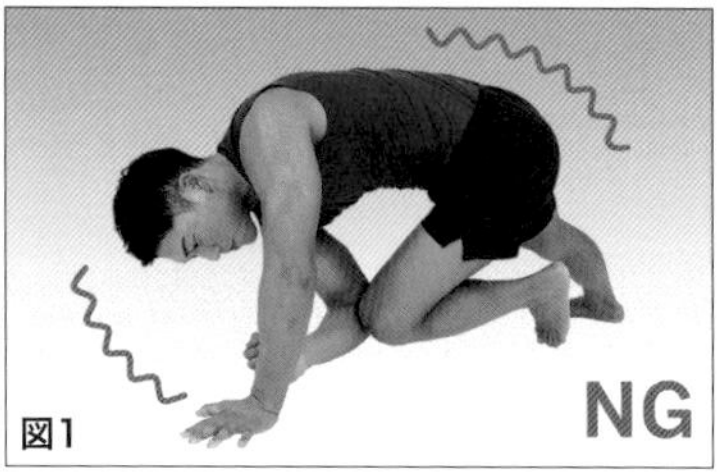
NG

図1
勢いに任せると崩れる

対角線上の片手・片足の2点で全身を支え、不安定なポジションのなかに安定を作り出し動作を行う。グラつきや動作のズレ、勢い任せ(図1)はNG。しっかりとボディコントロールすることで必然的に複数の筋肉が協働することになり、結果として体幹部を総合的に強化する種目となる。

特に努力が必要になるの

⇦動画Check

超格言

絶対にグラつくな！

- 床を押し込むことで体幹が使われる
- 一つ一つの動作を丁寧に、確実に

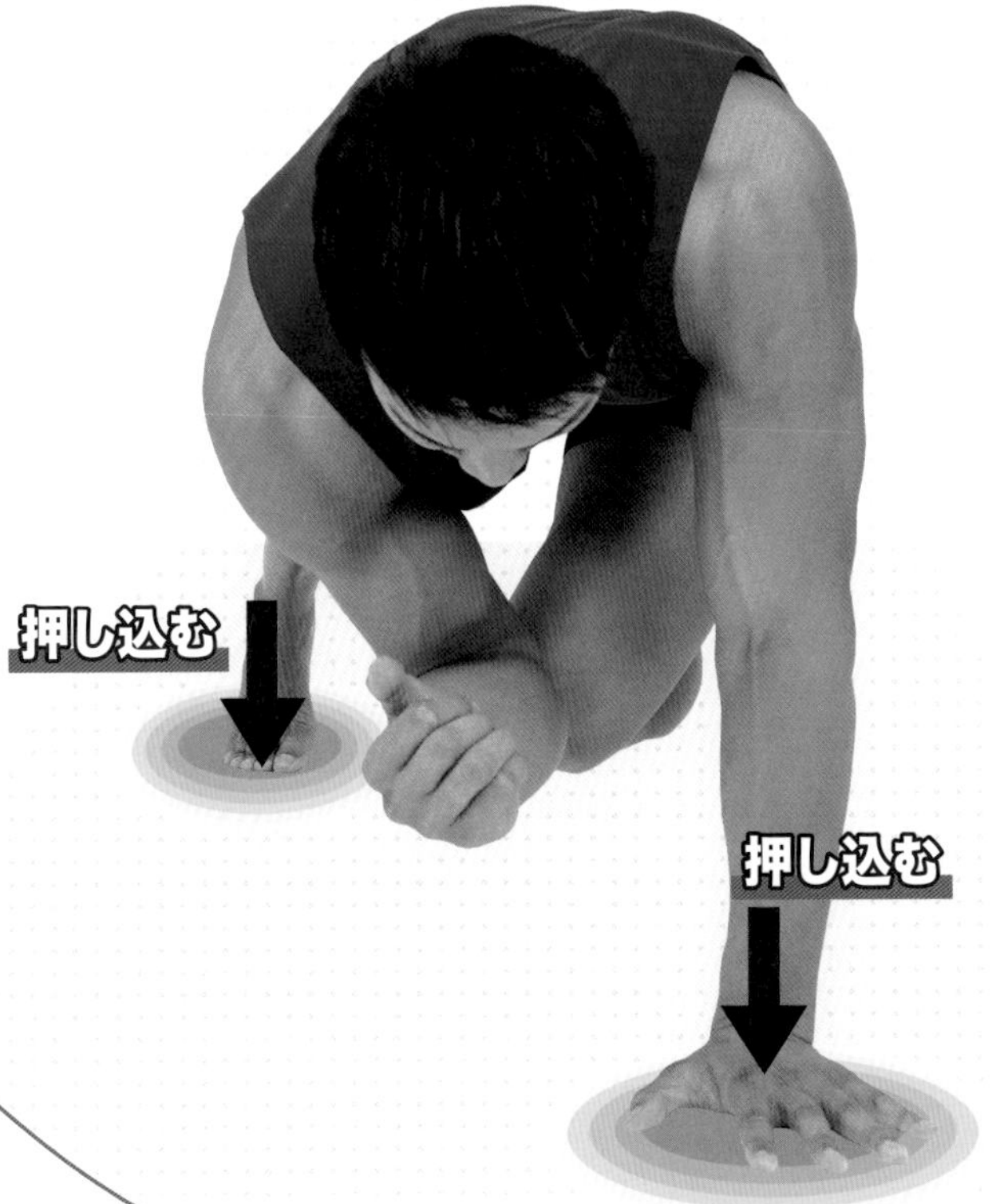

が、肩まわりと股関節まわり。ただし、それらが大きい筋力を発揮している間、どれだけ体幹が保持できているかが重要となる。アスリート向けのトレーニングでもあり、実際に多くの競技者のメニューに組み込んでいる。

超宅トレ 09

クイックサイドアブダクション

中級　上級　MAX

20回×左右3セット

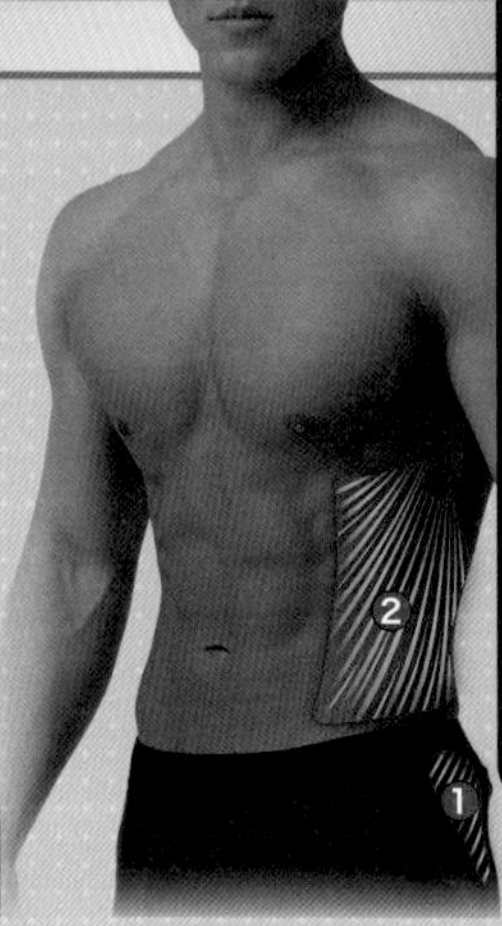

❶中臀筋 ❷腹斜筋

1

2

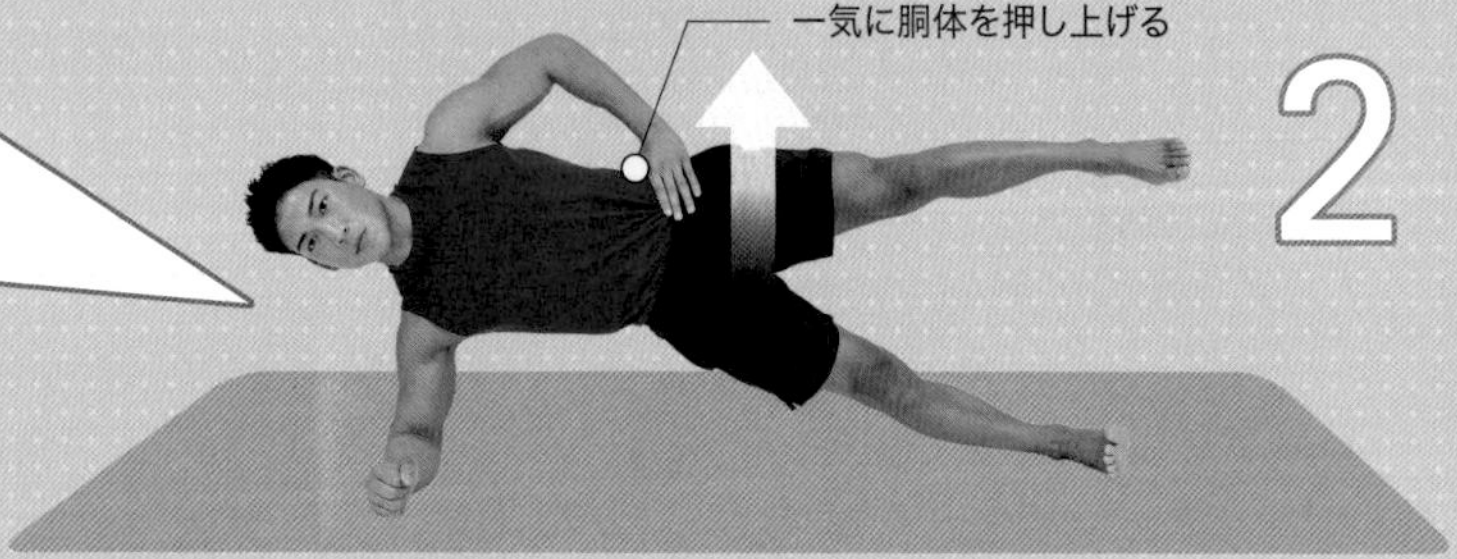

一気に押し上げ、すぐに下ろす

超理論

姿勢保持の重要性

横の動きで体幹部を鍛えるエクササイズは少ない。慣れない動きによる刺激は身体にとっては新鮮であり、トップアスリートでも回数を重ねるうちに苦痛の声を上げる種目の一つ。

動作は至ってシンプルだが、姿勢保持が何よりも重要。できるだけ全身をまっすぐに、真横に保つこと。股関節が屈曲したり、うつ伏せ気味あるいは仰向け気味になったり、姿勢が崩れたりすると一気に負荷が半減してしまう。正しい姿勢をキープし続けてこそ、筋力が鍛えられる。

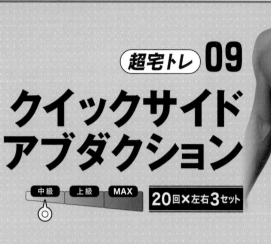

⇦動画Check

超格言

床を押し込み一気にボディを押し上げろ！

- ☑ 腰が折れると体幹が使われない
- ☑ 腰の折れだけでなく、反りやねじれにも注意

NG

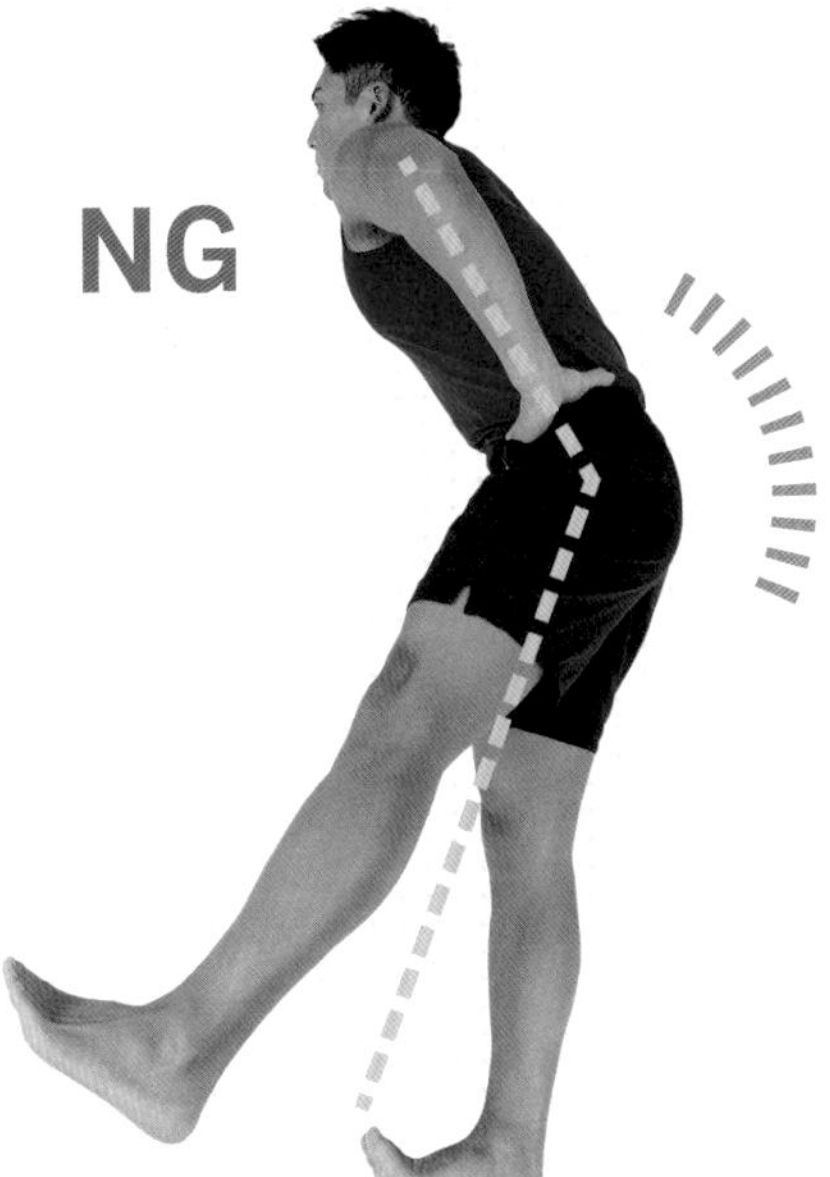

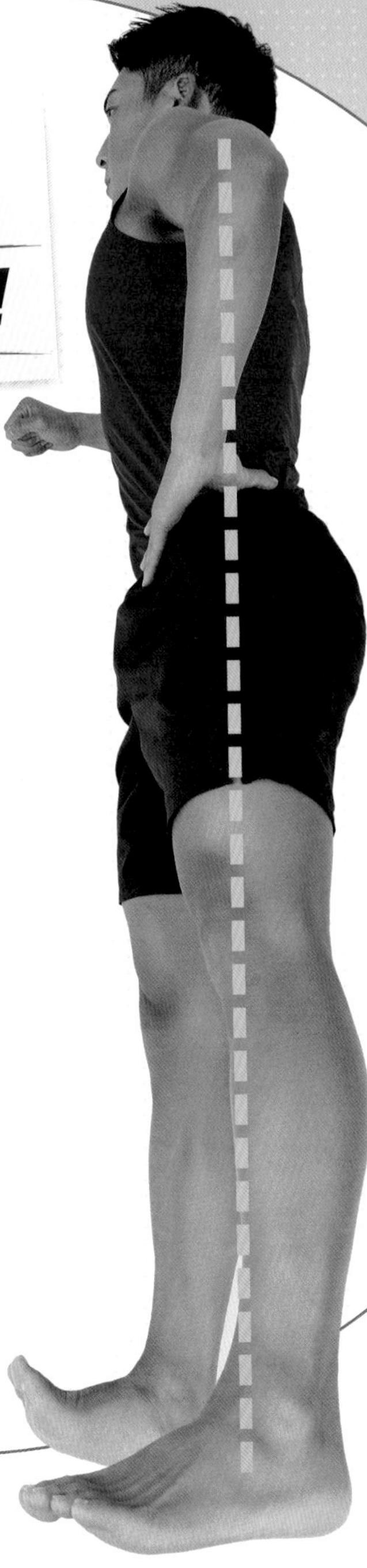

超宅トレ 10

チェアホバー

中級　上級　MAX

15回×3セット

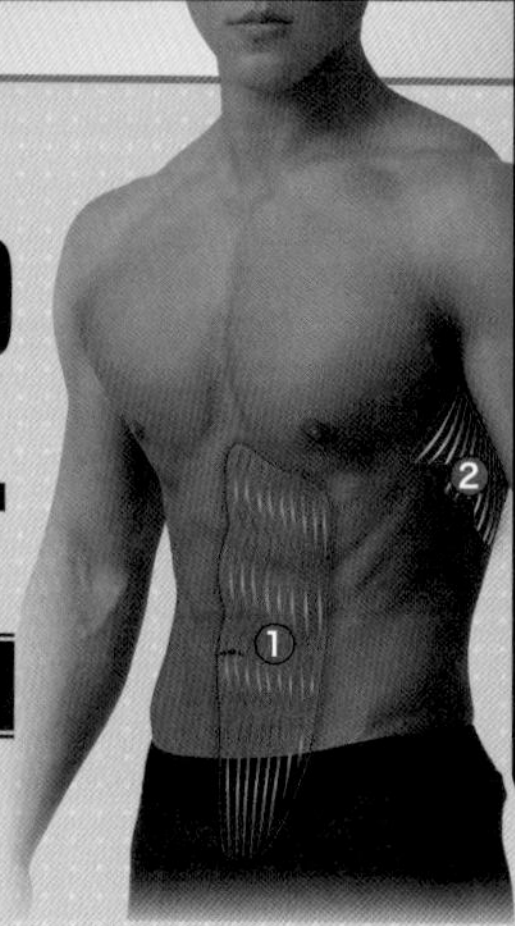

①腹直筋 ②前鋸筋
腸腰筋

一気に押し上げ、1秒キープし2秒かけて下ろす

超理論

上体の強さ×腹筋力

身体を押し上げるのに上体の総合的な強さが要求される。総合力が弱いと、座面から身体を浮かせることができないだろう。浮かないからといって地面を蹴り上げるのは、ナンセンスだ。

そして、浮かせた状態から膝を引き上げるのに腹筋力が要求される。できれば膝を引き上げる際に背中を丸めるような意識で骨盤を前方に引き上げ、同時に膝を胸にもっと引き寄せる。そうすることで、腹直筋下部に強烈な負荷をかけることができる。

⇦動画Check

超格言

全身が浮くほど座面を押し込め!

- ✓グッ！と膝を胸に引き寄せる
- ✓1→2ができたなら理想型にチャレンジを

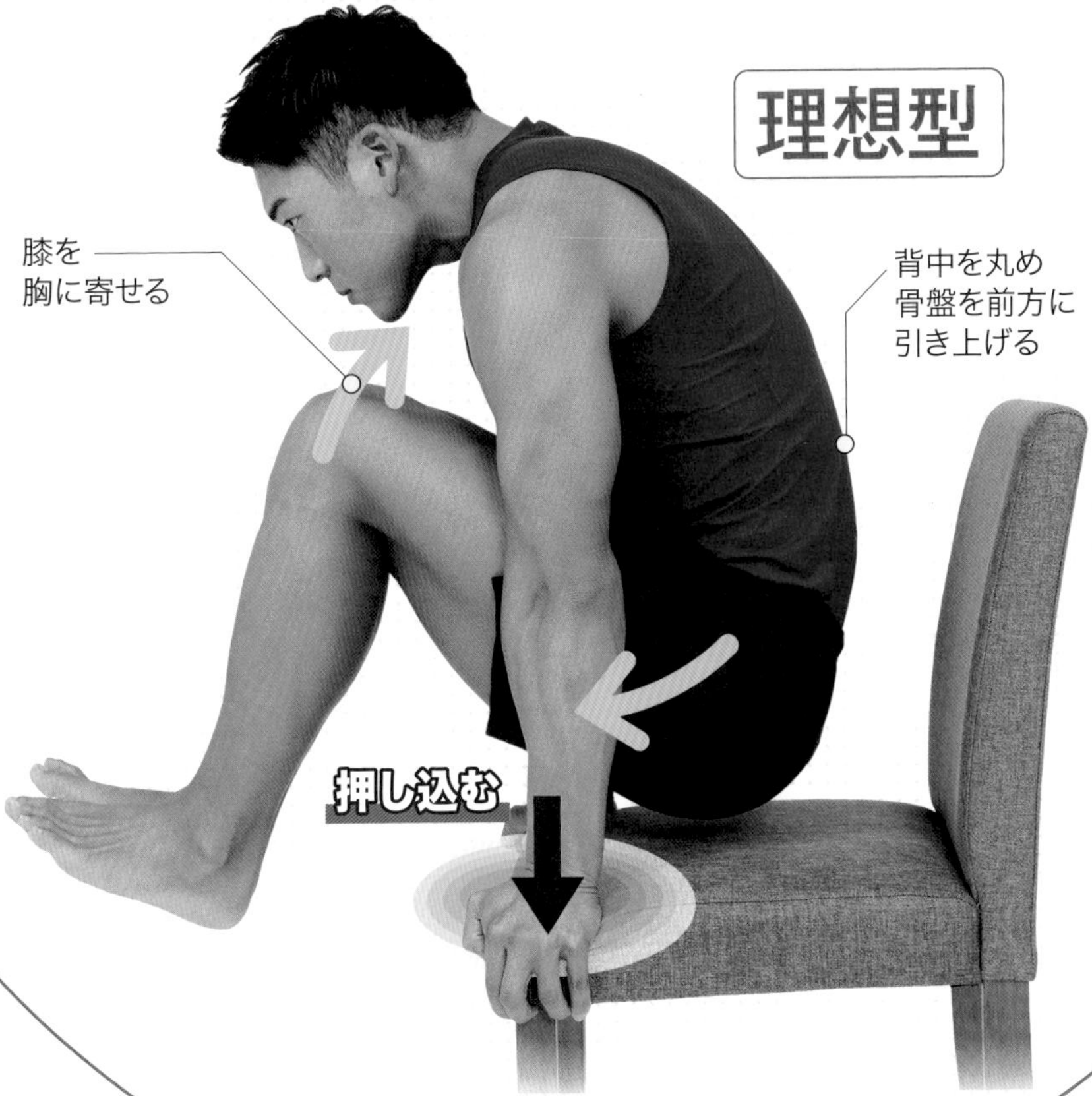

理想型
膝を
胸に寄せる
背中を丸め
骨盤を前方に
引き上げる
押し込む

腹に効く!!

❶**腹直筋** ❷**大胸筋** ❸**前鋸筋**
腸腰筋、大腿四頭筋

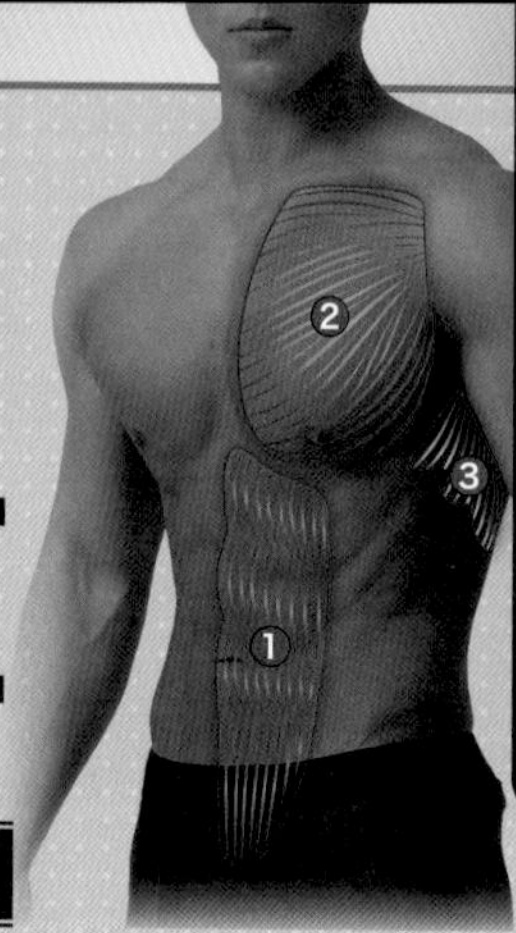

超宅トレ 11 スパイダーホバー

中級 上級 MAX

10回×3セット

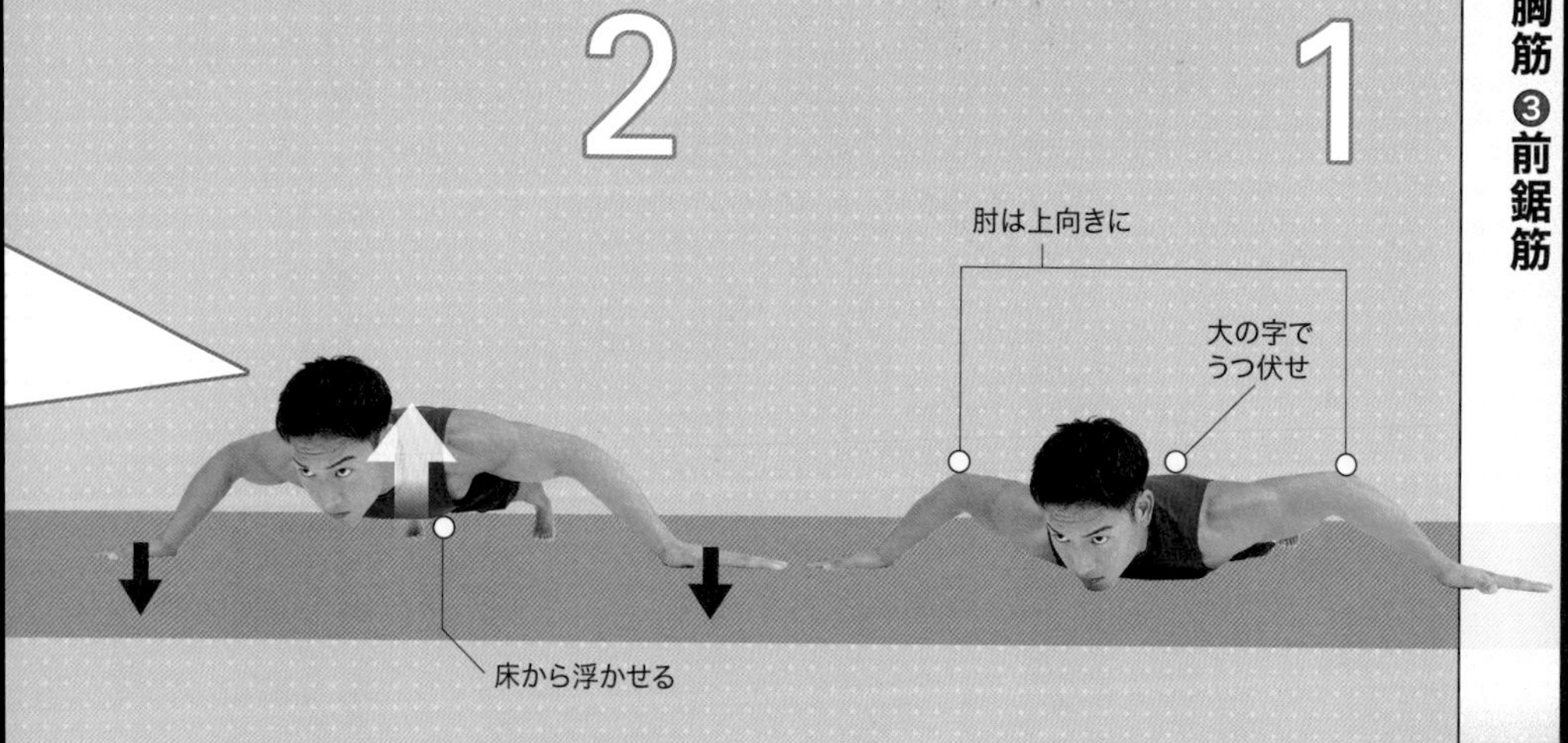

一気に押し上げて6秒キープし、ゆっくり下ろす

超理論

要は、腹直筋

ホバーとは、空中に停止するという意味。言葉の通り胴体をしっかりと床から浮かせて止まることが重要。大胸筋、前鋸筋、腸腰筋、大腿四頭筋の総合力で行う種目だが、腹直筋がすべての橋渡しとして働いてはじめて、正しいポジションがとれる。

体幹部を中心とした全身を使うトレーニングであり、身体の総合力が要求される。できるだけで十分と言っていい。これまで努力を積み重ねて作り上げてきた自身の身体に対する、確固たる自信の獲得にもつながるだろう。

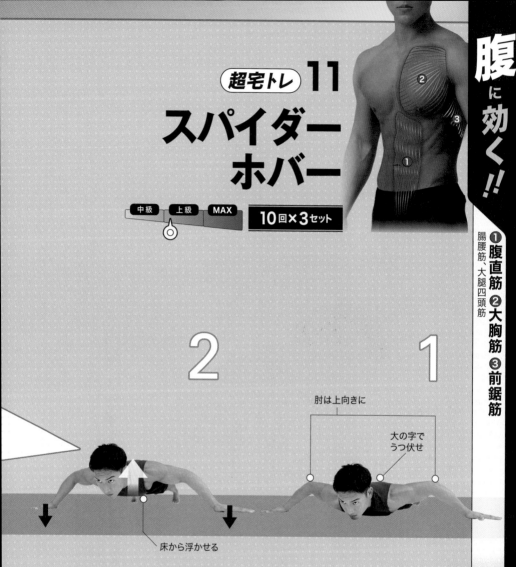

⇦動画Check

超格言

床を押し込み 床からボディを引き剥がせ！

- 両手と両つま先で床を押し込む
- 尻の上下運動ではない

床と平行
尻だけを
上げるのはNG
押し込む
押し込む
押し込む
押し込む

腹に効く!!

超宅トレ 12

プローン ハンドウォーク

中級　上級　MAX

10往復×3セット

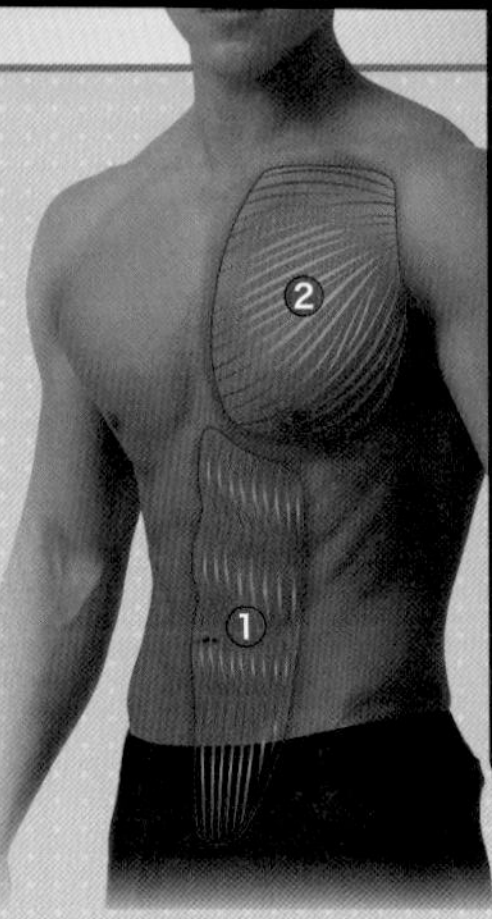

❶腹直筋 ❷大胸筋 広背筋

超格言

絶対に腰を反らすな！

☑ 絶対に腰を反らせない
☑ 必ず、元に戻れる位置に手をつく

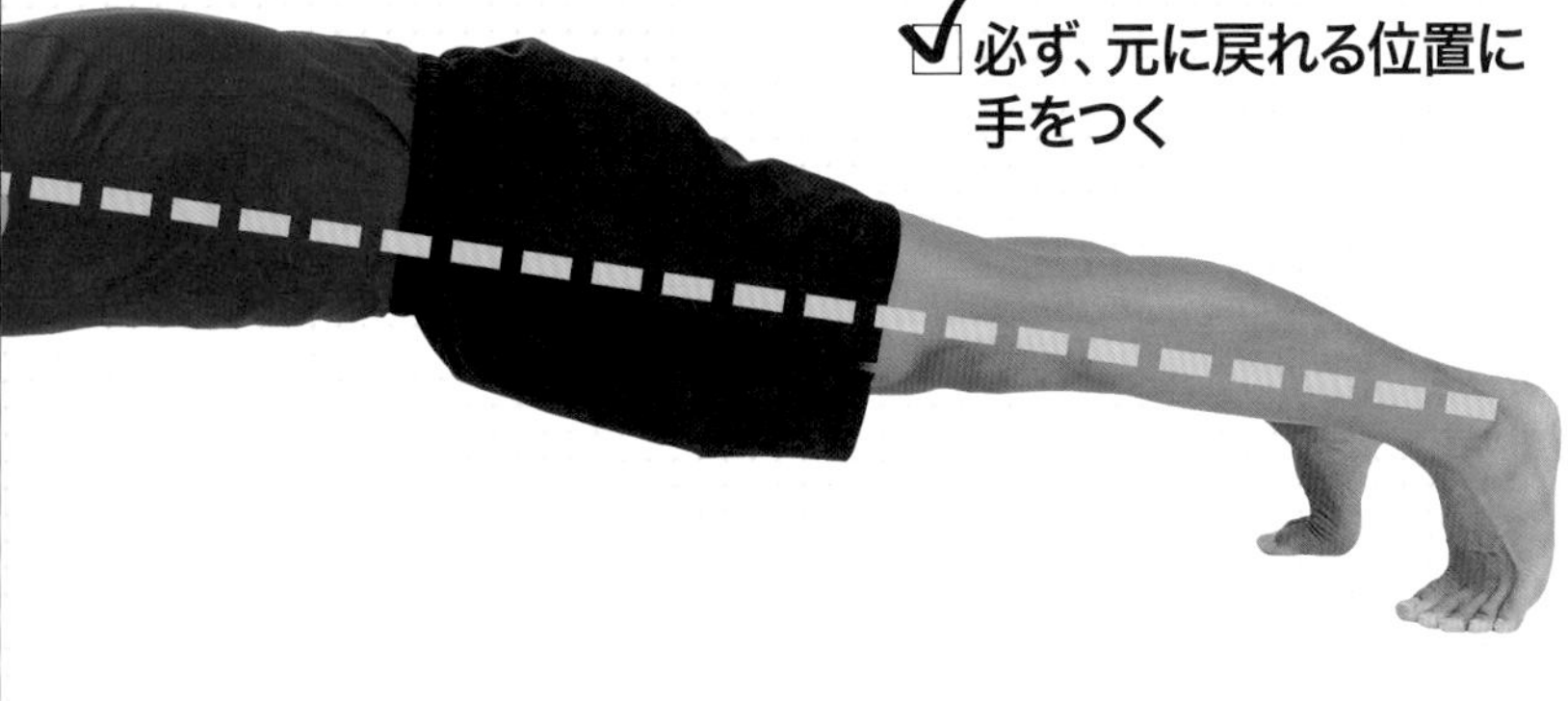

超理論

どれだけ進めるか

プランクのレベルアップ版。いわゆる腹筋ローラーを使用したときと同じ動きで、腹筋を強化する。

てこの原理からいって、やはり手をどれだけ前方に進められるかがポイントとなる。はじめは手が顔に近い位置が限界だったとしても、続けるうちに少しずつ遠くにつけるようになる。成長実感のチャンスだ。

腰が反ろうとしたり、尻が上下に動こうとしたりするのを、いかに抑えて体幹をコントロールしながら手を前方に進められるか。上半身との連動性の向上にも極めて有効なトレーニングである。手を前方に進める際、一瞬片手になる場面があるため、安定性のなかでの筋力発揮という側面もある。

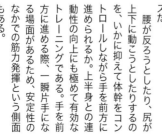

⇦動画Check

1

プッシュアップと
同姿勢

2

手だけを一歩前方に

3

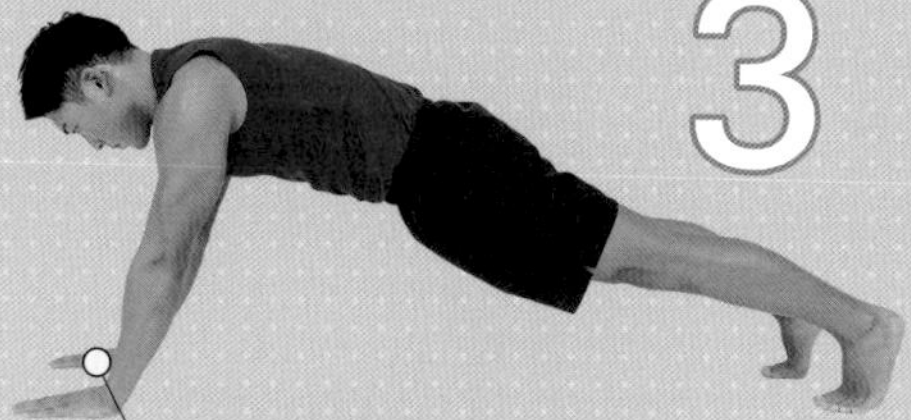

もう片方の手も、一歩前方に

4

さらに1歩、手を前方に

手を可能な限り
前方へ。
ただし
元に戻れる範囲で

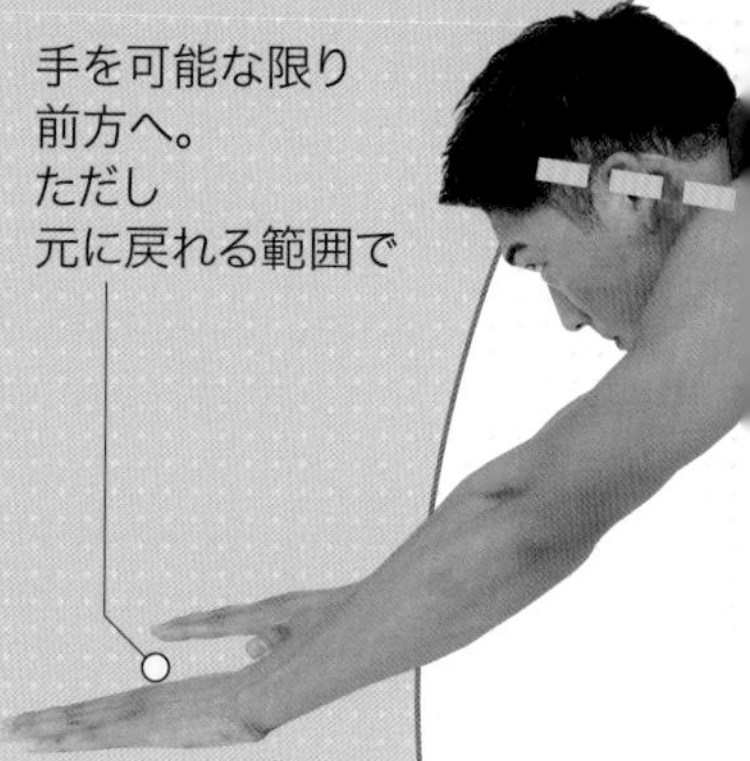

5

もう片方の手も、さらに1歩前方に。
4→3→2と遡って1に戻る

左右合わせて4歩、前方へ。同じ歩数で1に戻る

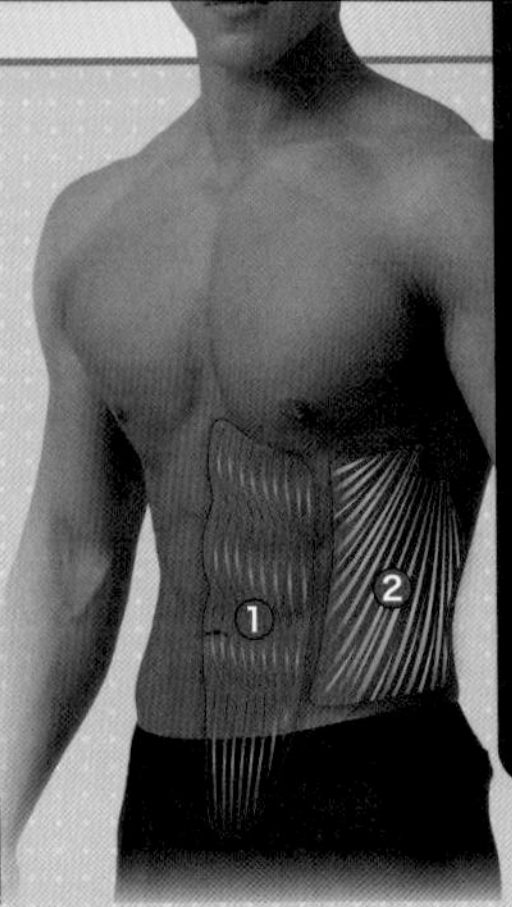

超宅トレ 13
ストリクト ツイストクランチ

中級　上級　MAX

20回×左右3セット

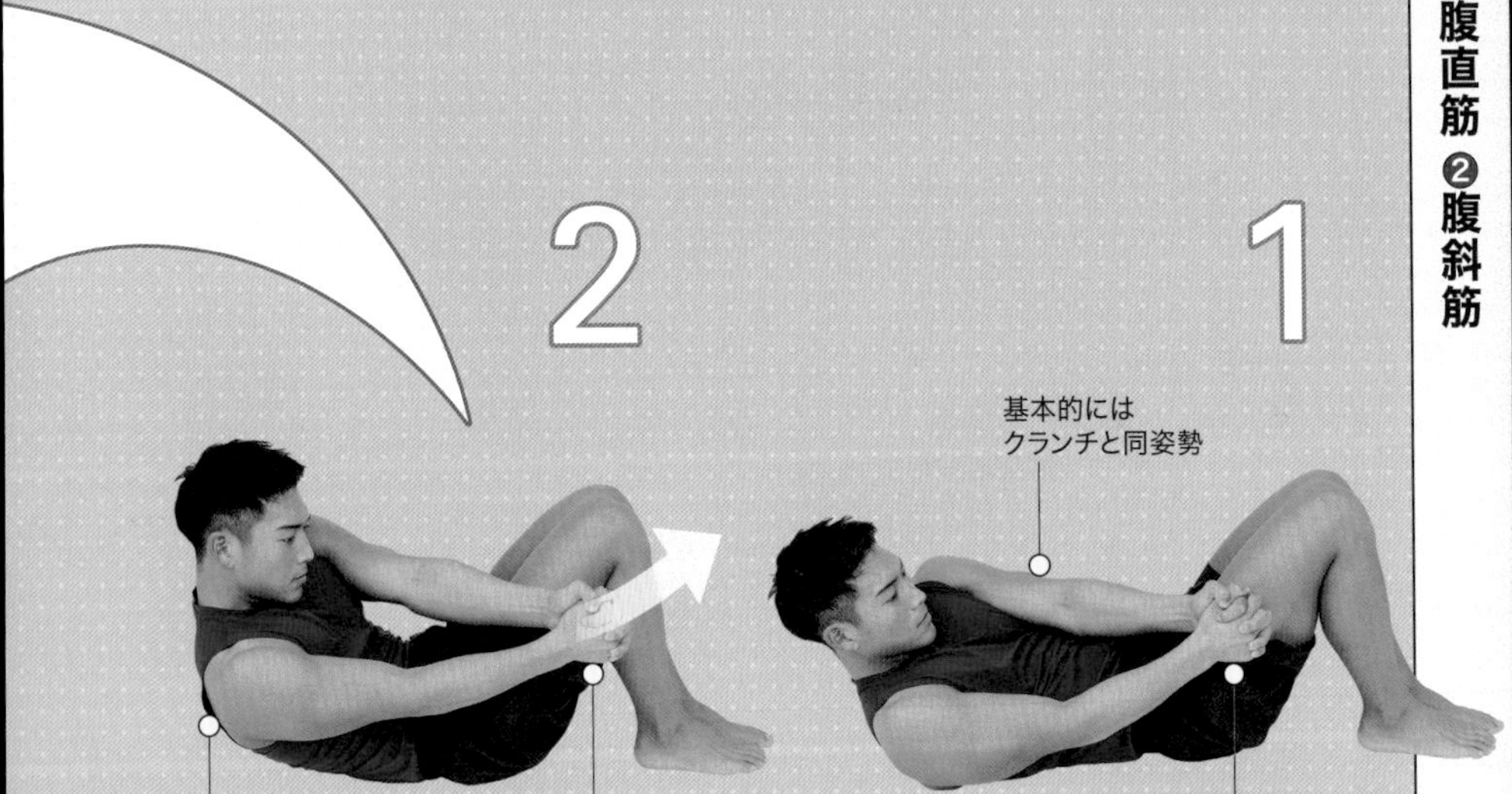

基本的には
クランチと同姿勢

反動をつけず、
上体をねじり上げる

手は太腿の上を滑らせながら、
前方に押し出す

両手を組み、
太腿の外側に触れる

一気に上げて6秒キープし、ゆっくり下ろす

超理論

最大短縮を狙う

最大限の効果を得るために必ず抑えるべきは、スタートのポジション。ねじりと反対側の肩は、床から浮かせること。身体にひねりを加えた状態から腰を丸めることにより、腹斜筋に対して最も負荷をかけられるからだ。つまり、動作の最中も浮かせたまま、肩を床につけることはない。

ただし、種目としてのメイン動作は腰椎屈曲であり、腹直筋の最大短縮を狙っていることを忘れてはいけない。起き上がるのではなく、背面を丸める意識で動作すること。

⇦動画Check

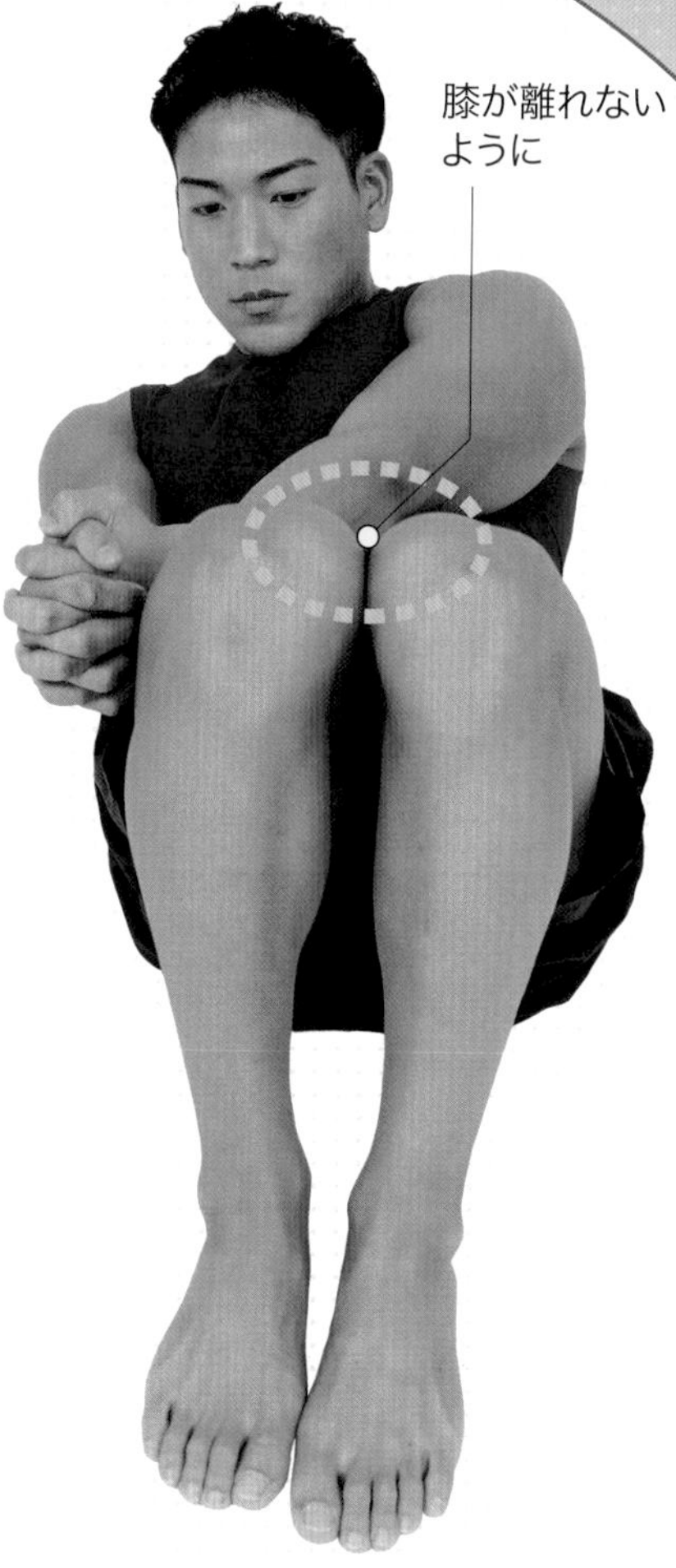

超格言

下半身は完全固定！

- 膝が離れたり、グラついたりしないよう注意
- 肩を床につけることは、許されない

+α《プラスアルファ》で限界突破!!

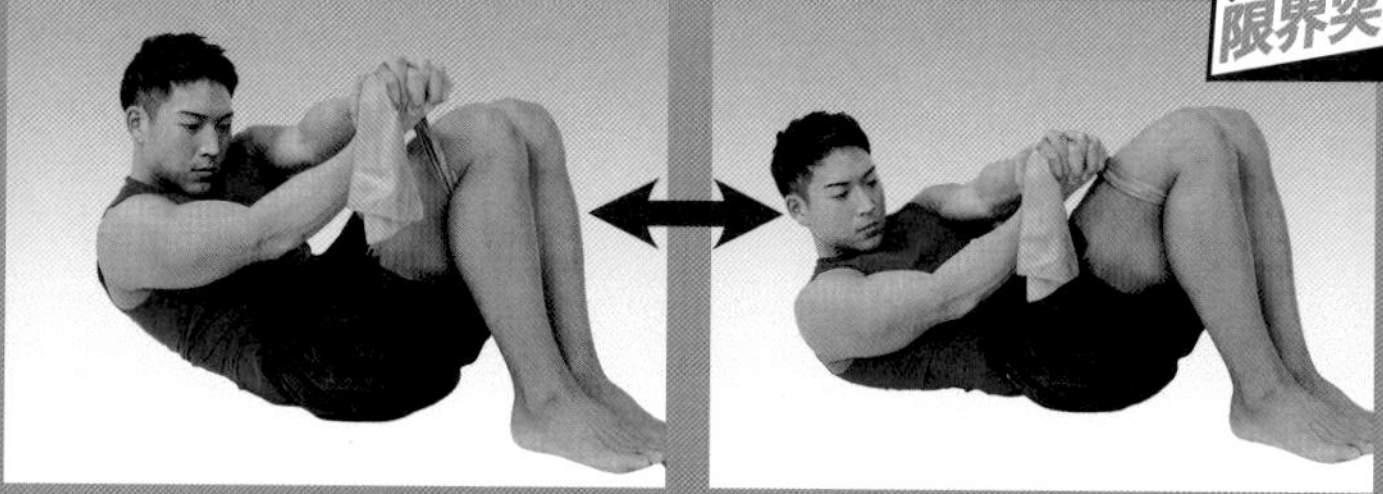

膝近くにゴムバンドを回し、両手で掴んで固定。ゴムバンドを押し込む意識で動作する。

超宅トレ 14

ニートゥエルボー

中級　上級　MAX

20回×3セット

腹に効く!!

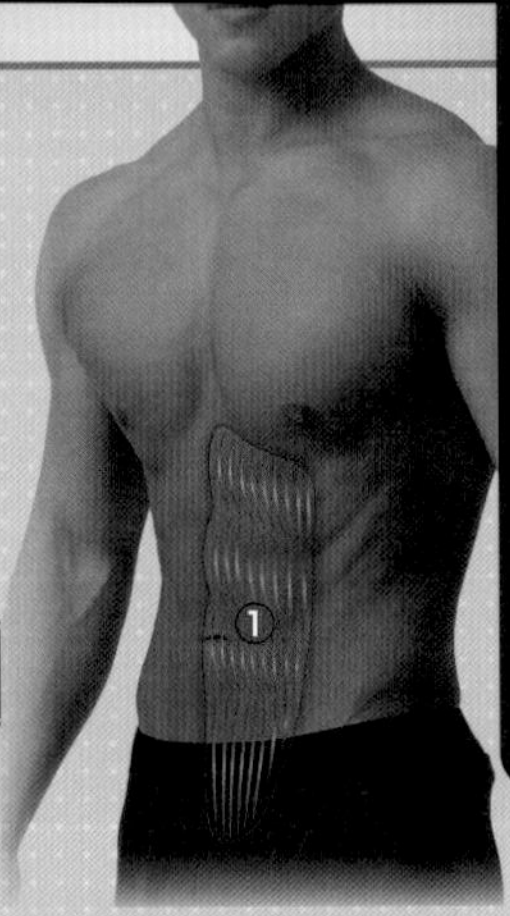

①

❶腹直筋

2　1

肘を膝に
つける
反動は使わない
両肘ともに
曲げる
太腿は、
床と垂直に

2秒で起きて1秒キープし、2秒で下ろす

超理論

もう一息、押し込む

腹直筋が最も縮む種目であり、言い換えれば最大限肥大する種目である。本来、人の腰椎屈曲は45度が限界。しかし、その限界を超えて屈曲させようとする努力こそが、身体の仕上がりを左右することを知っておくべきだろう。

　もうこれ以上は絶対に起き上がれないと思い込んでいるところから、もう一息、押し込む。具体的には肘を膝の一番高いところにつけにいく。そうすることで腹直筋の最大短縮が変わる。膝で肘を迎えると腸腰筋が使われる。それが悪いわけではないが、この種目の目的は果たせないので注意すること。

⇦動画Check

超格言

膝で肘を迎えるな！
肘で膝を触りにいけ！

☑膝の位置は変えない
☑反動を使うと効果が半減

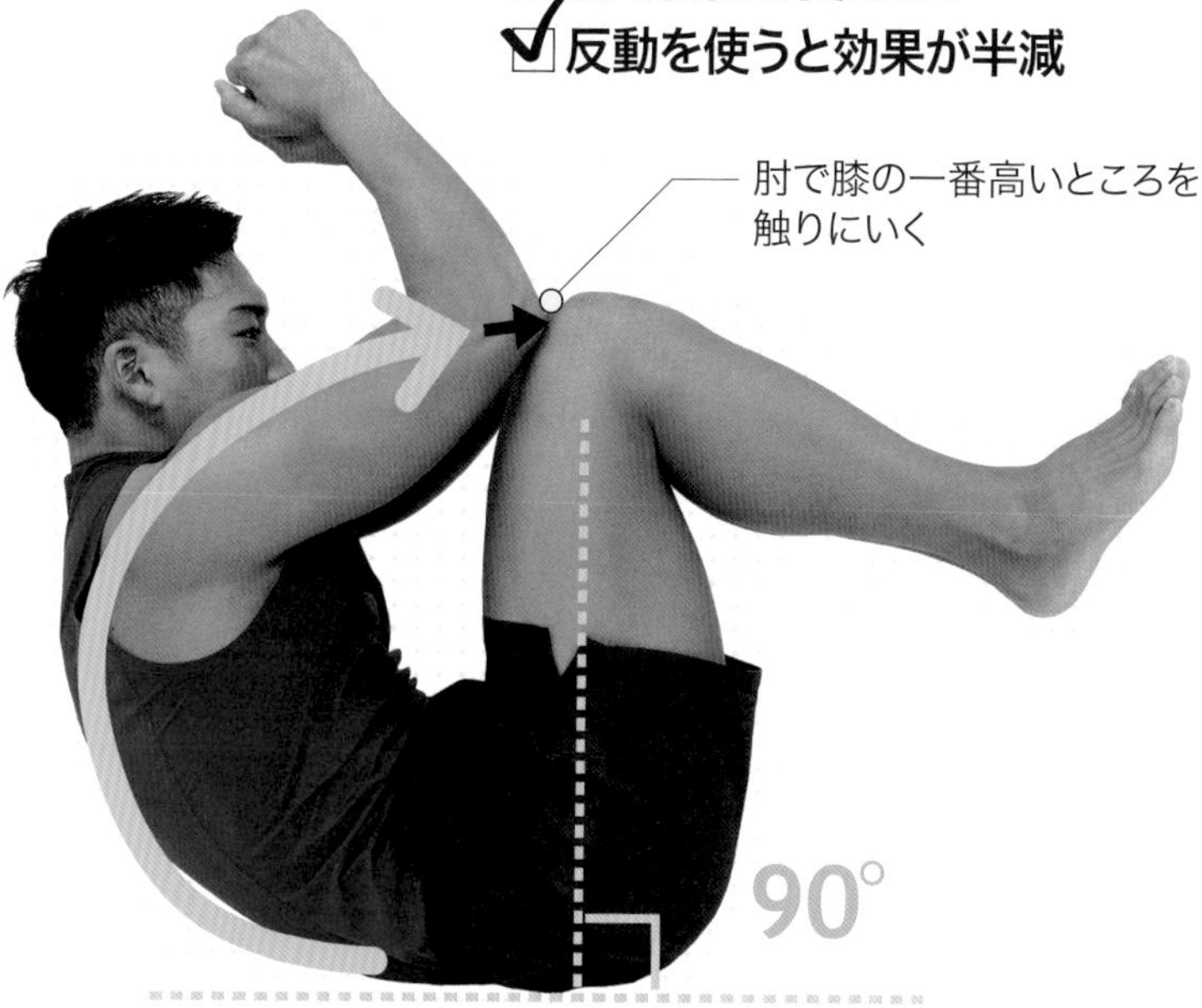

+α《プラスアルファ》で限界突破!!

両膝にかぶせるようにゴムバンドを当てて、端を両手で掴んで固定。ゴムバンドを押し込む意識で動作する。

超宅トレ 15

ホバーニーレイズ

中級　上級　MAX

15回×3セット

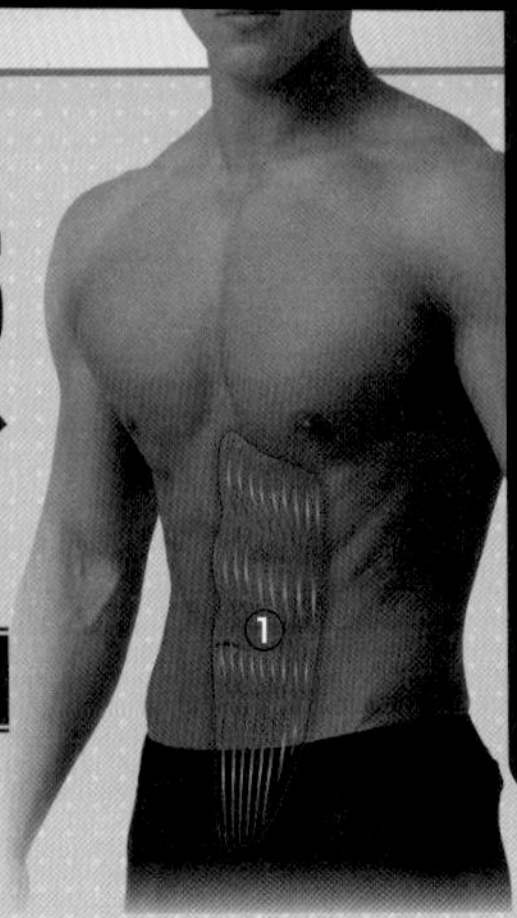
❶

❶**腹直筋**

腸腰筋、大腿四頭筋、前鋸筋、広背筋、僧帽筋

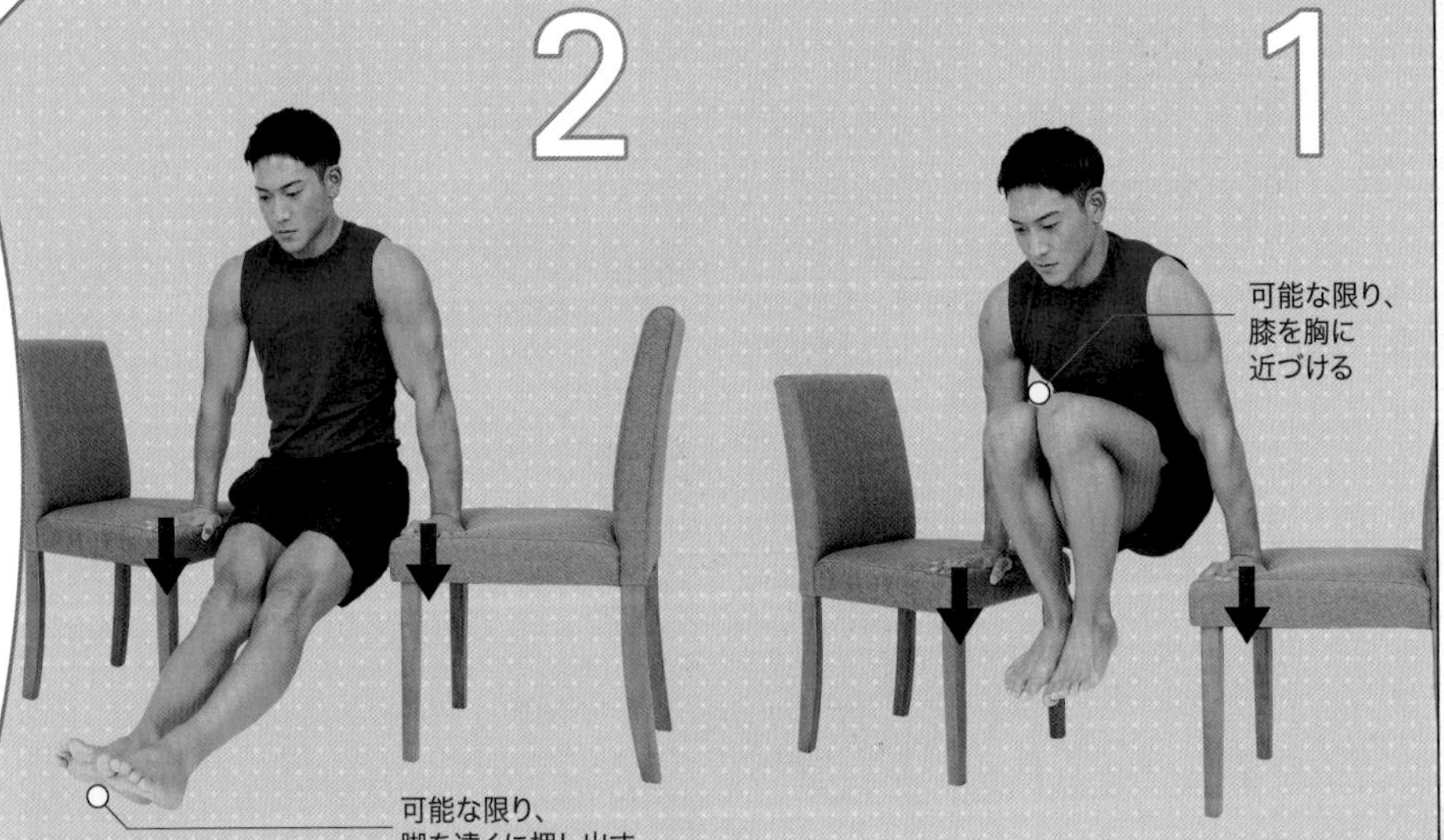
2
1
可能な限り、
膝を胸に
近づける
可能な限り、
脚を遠くに押し出す

2秒で押し出し、2秒で引きつける

超理論

意識は骨盤後傾に

腹直筋の強化を主としながら、上半身と下半身にまたがる筋群をまとめて仕上げることができる、とても合理的なトレーニングである。名前は「ニーレイズ」だが、膝の引き上げではなく骨盤の後傾を意識することが非常に重要。恥骨を肋骨にくっつけるかのように動作するスタートポジションで、腹直筋が最大短縮できるようになる。

　動作中、身体がグラつくことと足が床に触れることをともに禁ずる。スイングなどもってのほか。強いボディコントロール力が求められる。

⇦動画Check

恥骨を肋骨に
近づける
骨盤後傾
を意識

超格言

スイング・グラつき
絶対NG！

- ☑骨盤をしっかり後傾させる
- ☑恥骨を肋骨に
近づけるような意識

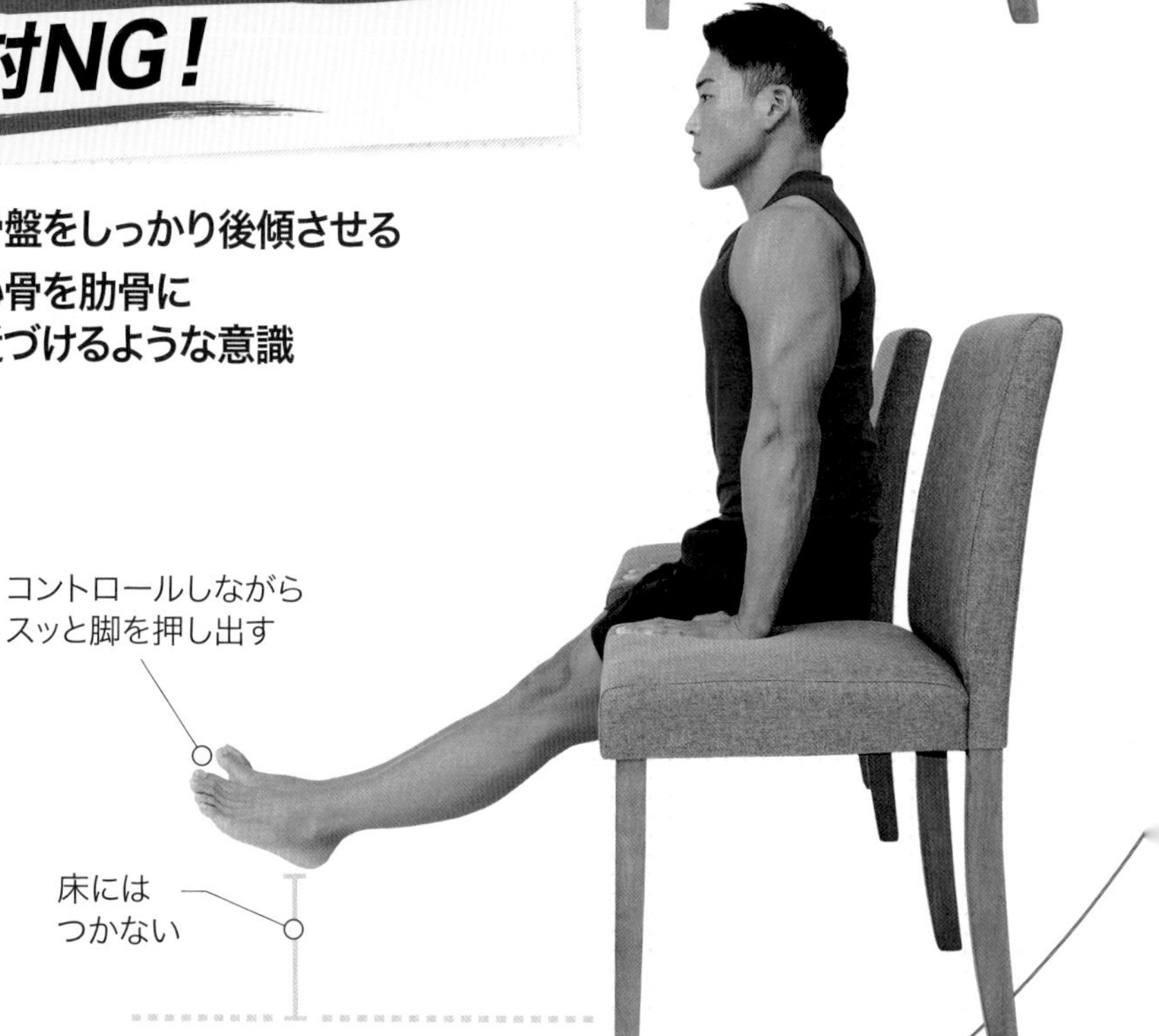

コントロールしながら
スッと脚を押し出す
床には
つかない

超宅トレ 16

チェアフレンチプレス

中級 ○ 上級 MAX

15回×3セット

2
1
椅子の脚を掴む
掴む位置が椅子の脚の上部から遠くなるほど、負荷増

※椅子の背もたれのない方を掴むと、さらに負荷が大きくなります。
動画では、より負荷の大きい持ち方をしています。

※撮影に使用した椅子の重量は約4kgです。

2秒で挙げて、2秒で降ろす

超理論

肘を高く

自宅にあるものを用いて、上腕三頭筋に最も負荷をかけられるエクササイズである。ポイントは、脇を閉じて肘を高い位置にセットすること。肘を高くしておくことで、肘関節伸展の負荷をかけることができる。肘を伸ばし切った（椅子を挙げ切った）ところで静止せずに、すぐに肘を曲げ始める（椅子を降ろし始める）ことも大切だ。そうすることにより、常に上腕三頭筋に負荷をかけ続けることができる。

降ろすときには、スピードに注意。スコン！と重力に任せて落とさず、スピードをコントロールしながら降ろすように。

超格言

己の動きを重力に任せるな！

☑肘が上向きで、高い状態が○

☑肘が横向きで、低い状態は×

NG

超宅トレ 17 トライアングルプッシュアップ

中級 上級 MAX

15回×3セット

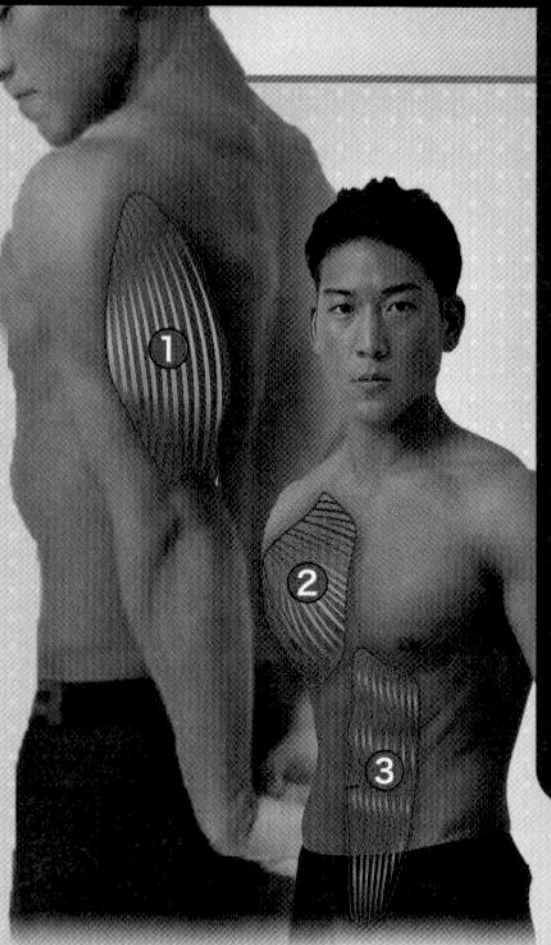

❶上腕三頭筋 ❷大胸筋 ❸腹直筋

腸腰筋、大腿四頭筋

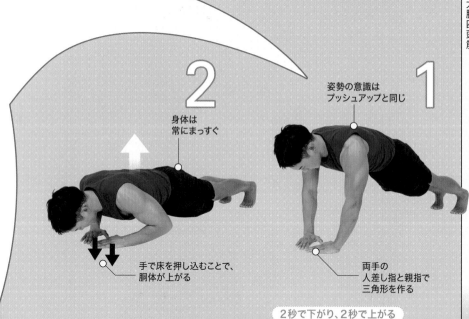

1

姿勢の意識はプッシュアップと同じ

両手の人差し指と親指で三角形を作る

2

身体は常にまっすぐ

手で床を押し込むことで、胴体が上がる

2秒で下がり、2秒で上がる

超理論

手と肘の位置の変化

基本のプッシュアップから、手のポジションをほんの少し変えることで上腕三頭筋への負荷が飛躍的に増加する。理由は、手と肘との位置関係からモーメントアームが長くなることにより、肘関節の伸展が難しくなるからだ。ただ、動作するうえで必要な意識はプッシュアップと同じ。決して体幹の力を抜かずに行うこと。脇を開いたプッシュアップと考えてよい。

⇦動画Check

超格言

胸までしっかり上下せよ！

- ✓ 両手で床を押し込む
- ✓ 頭だけが下がりがち。しっかり胸を下ろす

+《プラス》α《アルファ》で限界突破!!

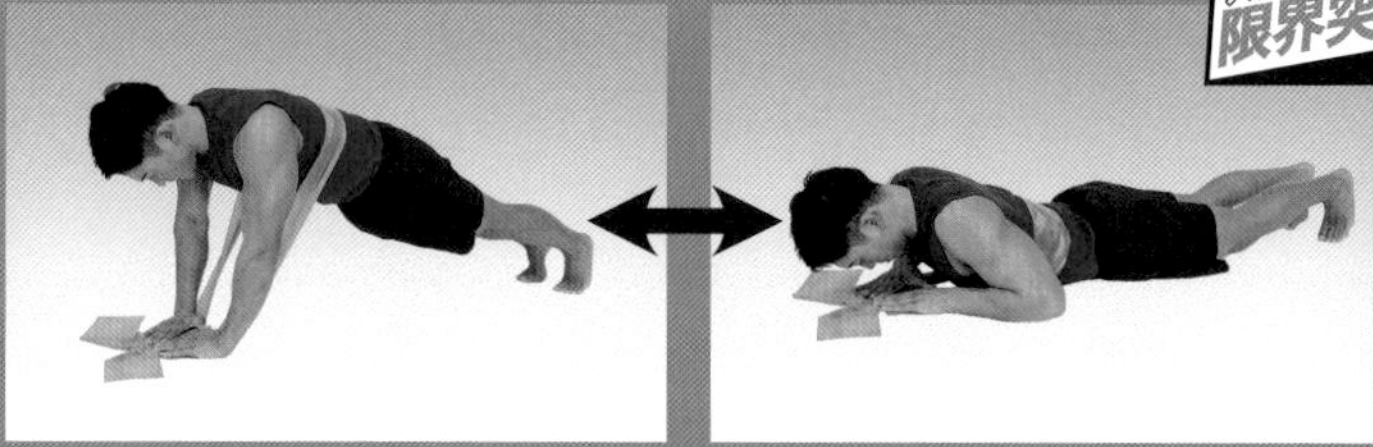

背中にゴムバンドを回し、一番低い位置で最もテンションがかかる位置を探す。手のひらで押さえて、動作する。

超宅トレ 18 プローントライセプスエクステンション

中級 上級 MAX

10回×3セット

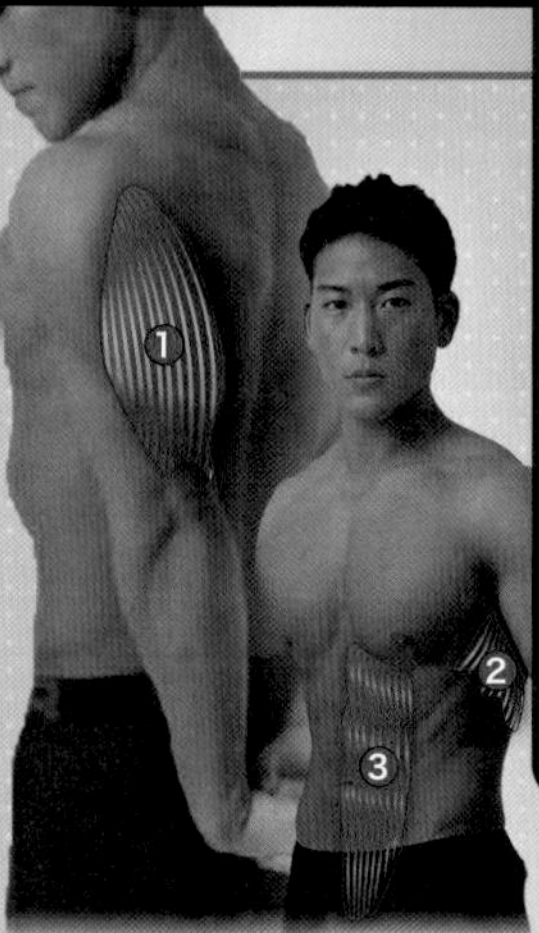

1
2
3

❶上腕三頭筋 ❷前鋸筋 ❸腹直筋

腸腰筋、大腿四頭筋

1
プランクと
同姿勢
拳を握る
2
姿勢をキープ
拳を前方に回転

2秒で上げ、2秒で下ろす

超理論

自体重をフル活用

超宅トレ腕部門の最強種目。腹部の反りや尻の上がりなどに留意し、ポジションを保ったまま実施すると身体の重さが腕にフルにかかってくる。そのため、上腕三頭筋への負荷が最大になる。できるだけでも十分と言える。

プランクの姿勢で拳を握り、その拳を床に強く押し込むようにしながら、前方・後方にローリングさせる動作を繰り返す。後方へのローリング、つまり2から1の姿勢に戻る際には、可能な限りスピードをコントロールしてできるとてもよい。

超格言

姿勢の保持とコントロール！

☑拳で強く床を押し込む

床に当たると
痛みの原因と
なるため、
タオルを準備

☑手の向きに注意！

1

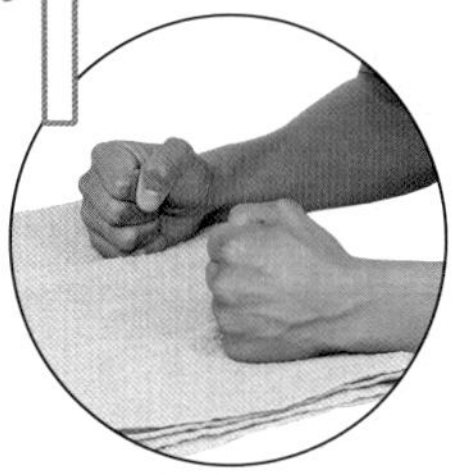

2

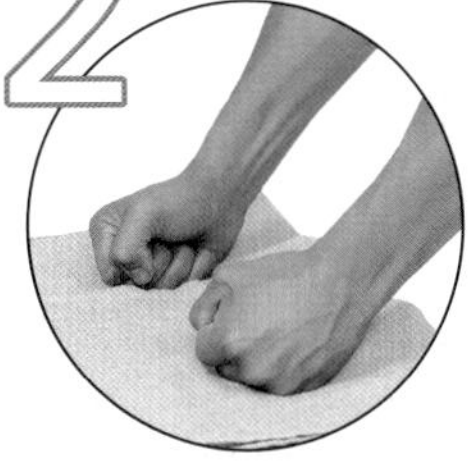

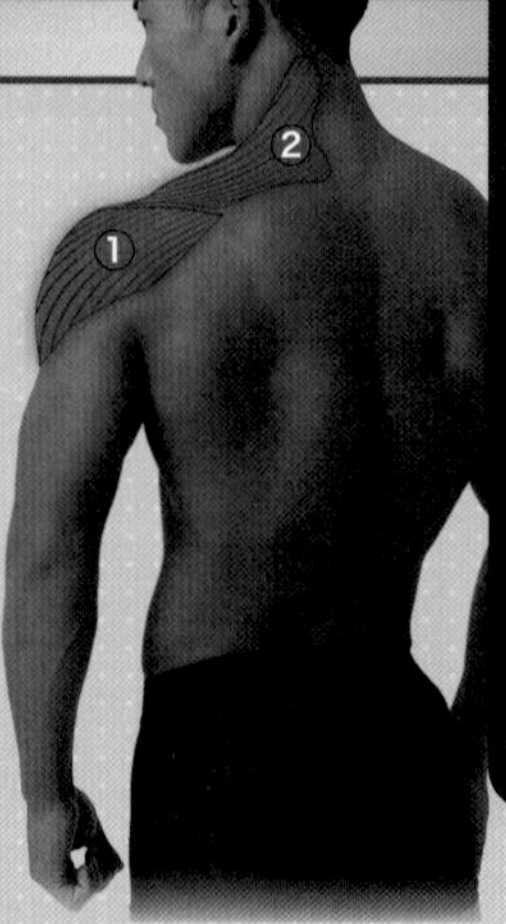
2
1

超宅トレ 19

タオル アップライトロウ

中級　上級　MAX

10回×3セット

❶三角筋 ❷僧帽筋（上部）
上腕二頭筋

2
1
肘を最大限
真上に引き
上げる
タオルの
中央付近に
膝を乗せる

最大限に力を入れている状態で引き上げ、6秒キープ

超理論

肩甲骨の下制

NG
図1
手や肩で引くと、三角筋が使われない

本来、肩は器具を使わずに鍛えるのがなかなか難しい。そのなかで最も手軽にできるのが、タオルを用いたアイソメトリックトレーニングだ。手軽ではあるが、筋トレ中上級者であれば肩甲骨まわりのコントロールをしっかりとしていきたい。

　意識せずに実施すると、手で引き上げてしまうため、上腕二頭筋優位となり、また肩を上げてしまうと僧帽筋を優位に使ってしまう（**図1**）。こ

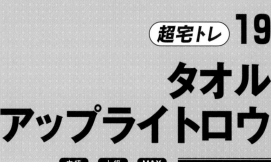

⇦動画Check

超格言
全力で肘を真上に引き上げろ!

- ☑背すじはまっすぐをキープ
- ☑手ではなく、肘を引き上げる

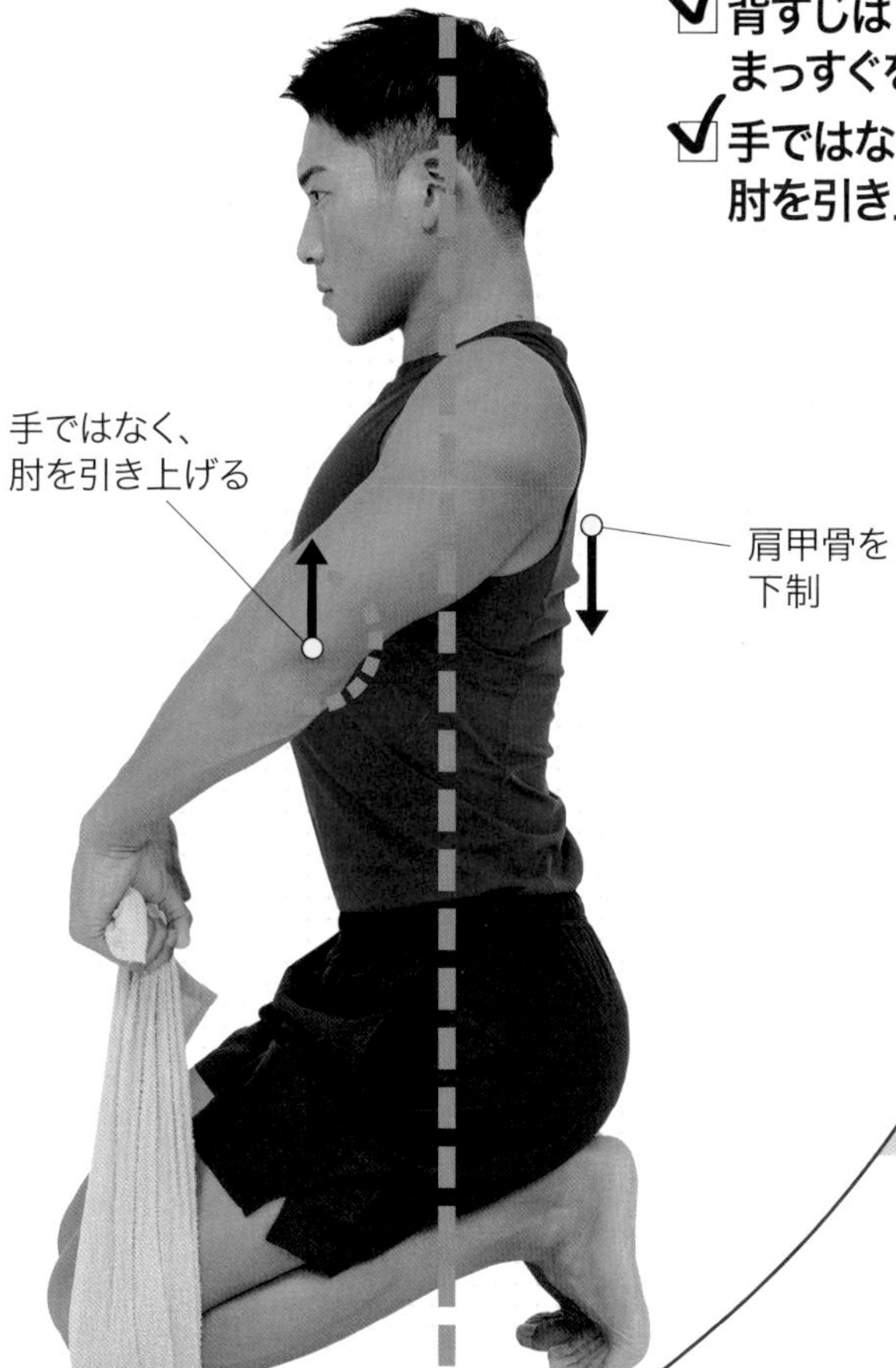

こでは三角筋を優位に鍛えたいので、必ず肩甲骨を下制させたうえで肘からタオルを引き上げるように動作する。

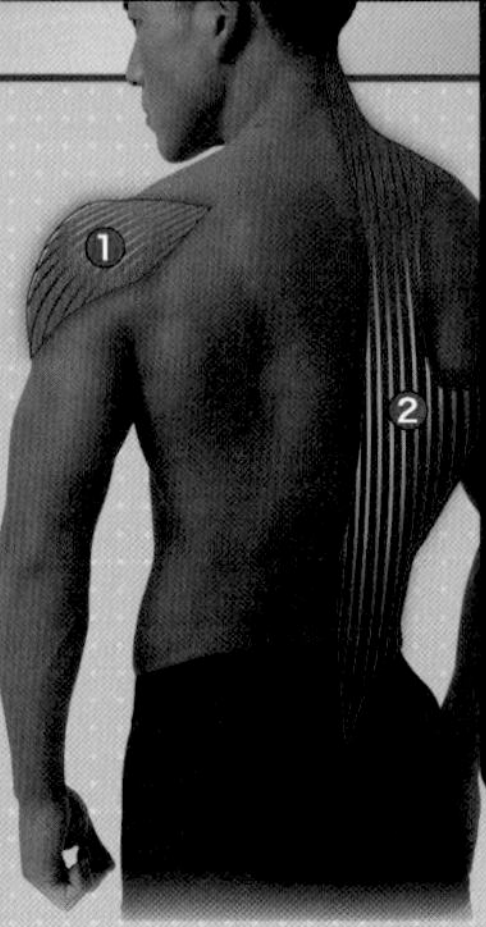
1
2

❶三角筋 ❷脊柱起立筋

超宅トレ 20
チェア フロントレイズ

中級 上級 MAX

15回×3セット

2
腕が床と平行になるまで挙げる
1
椅子の脚を掴む

※椅子の背もたれのない方を掴むと、さらに負荷が大きくなります。
動画では、より負荷の大きい持ち方をしています。

※撮影に使用した椅子の重量は約4kgです。

2秒で挙げて、2秒で降ろす

超理論
肘伸展で負荷を最大に

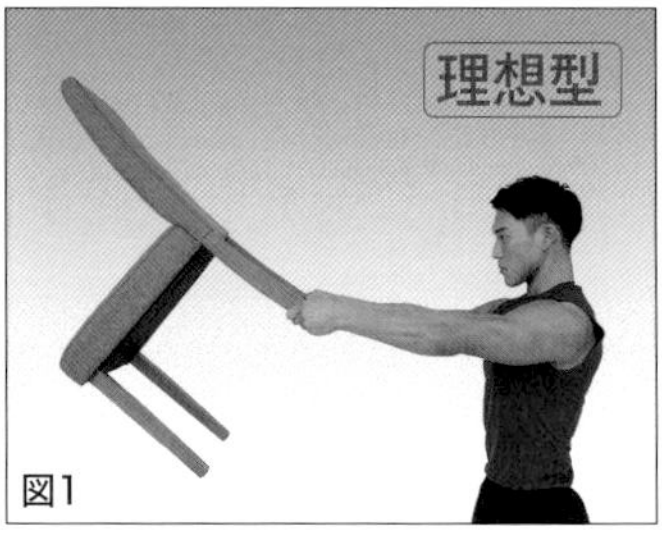
理想型
図1

どこの家庭にもあると思われる椅子をウエイトとして利用し、効率的に肩を鍛える。腕の種目として紹介した「チェアフレンチプレス」(P50)同様、椅子の脚のどこを掴むかにより強度をコントロールできる。上部を掴めば負荷は小さく、先端を掴めば負荷は大きくなる(図1)。また、当然ながら椅子そのものの重さを変えることでも強

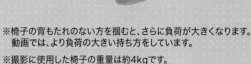

⇦動画Check

可能な限り、
肘を伸ばす
肩を
下げる
腰を
まっすぐ

超格言

肘を伸ばして、腰を反らさない！

- ☑肘を曲げない
- ☑体は直立をキープ

+α《プラスアルファ》で限界突破!!

ゴムバンドを両足で踏み、端を椅子の脚と一緒に握って動作する。

度が変わってくるため、うまく組み合わせていけば、段階的にトレーニングしていけることになる。

　肘を完全伸展した状態で行えば、それだけ負荷がかかるようになる。

超宅トレ 21

ハンドスタンドプッシュアップ

中級　上級　MAX

15回×3セット

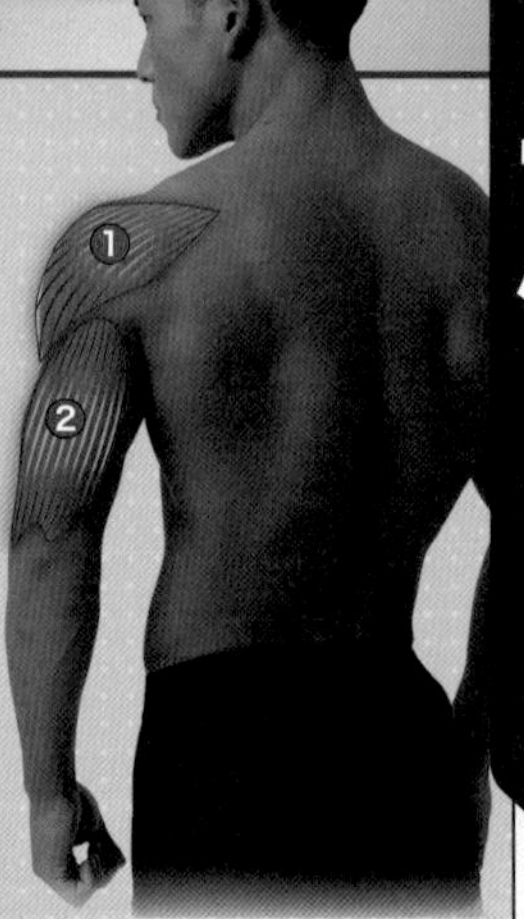
①
②

①三角筋 ②上腕三頭筋

2
1
壁に向かって
倒立
2秒かけて
肘を曲げる
床を押し込み、
体を押し上げる
2秒で下ろし、2秒で上がる

超理論

姿勢の確保

いわゆる倒立腕立て伏せだが、自体重を利用したエクササイズとしては最大の負荷が得られる。肩関節の安定性などに対して不安が残る場合は、この種目への挑戦権を得ていないと解釈し、まずは身体の安定性の獲得を優先してほしい。

　倒立に関して、できているつもりが実はできていない場合も多い。特に注意したいのが、腰の反り。競技の練習などで倒立歩行を取り入れるとき、バランスを保つために身体全体を弓なりにすることがある(**図1**)。しかし弓なり姿勢をとってしまうと肩にかけたい負荷が大胸筋上部に分散されてしまうばかりか、腰に負担がかかってしまう。腰や胸を反らさず、できるだけまっすぐ(手で)立つ。これを強く意識して行うこと。鏡の前で実践する、誰かにフォームを

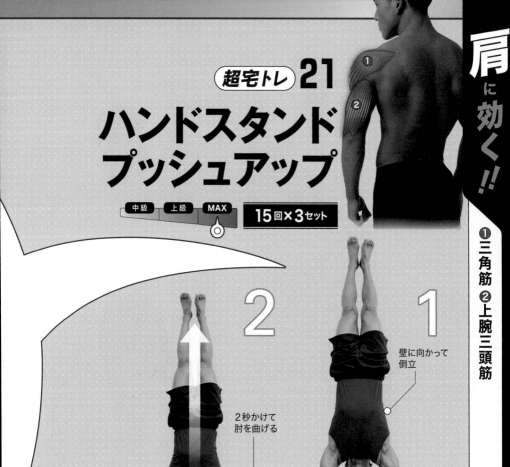

⇦動画Check

超格言
腰を反らすな！まっすぐに立て！

- ☑両手で床を押し込む
- ☑弓なり姿勢にならないように

確認してもらう、スマホ等を活用して撮影をするなど「まっすぐ」の感覚をつかんでほしい。

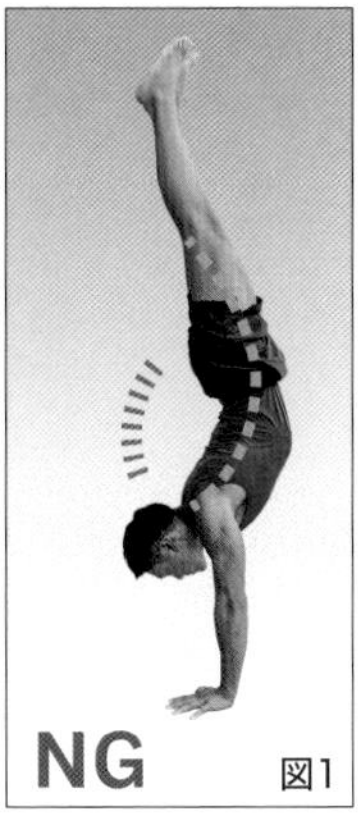

図1

弓なりは胸に負荷が逃げる

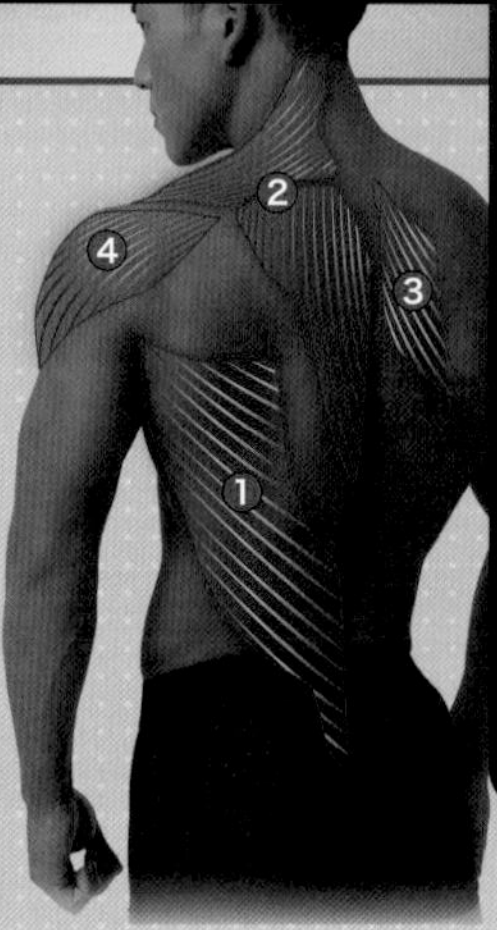
1
2
3
4

❶広背筋
脊柱起立筋
❷僧帽筋
❸菱形筋
❹三角筋

超宅トレ 22 タオルロウイング

中級 ◎ 上級 MAX

6秒キープ×10セット

1
背すじを伸ばす
床に対して垂直より、やや後傾
2
肩甲骨を寄せ、胸を張る
肘を後方に引く

最大限に力を入れている状態で引いて、6秒キープ

超理論

最大限の力発揮を誘う

腰椎を伸展させ、肩甲骨を内転させた状態で肘を後方に引くことで、広背筋と僧帽筋に最大限の力発揮をさせることが、このエクササイズの目的。使用するのは伸縮性のないタオルのため、実際には動きはない。しかし、そのぶん最大限の力発揮ができるというメリットがあることを押さえておこう。

背中が丸まったままで動作すると、背中が鍛えられないだけでなく、腰に負担がかかり痛みを誘発する危険性もある（図1）。肩甲骨を内転させ、胸を前に突き出すイメージのもと、背中の力で強く後方に引っ張る意識で行う。また、背中で引くと同時に膝を曲げたまま足でタオルを前方に押し込むことで、より広背筋と僧帽筋に負荷をかけることができる。

⇦動画Check

超格言

腰を丸めるな！
肘で引け！

☑手で引かず、肘を後方へ
☑足でタオルを押し込む

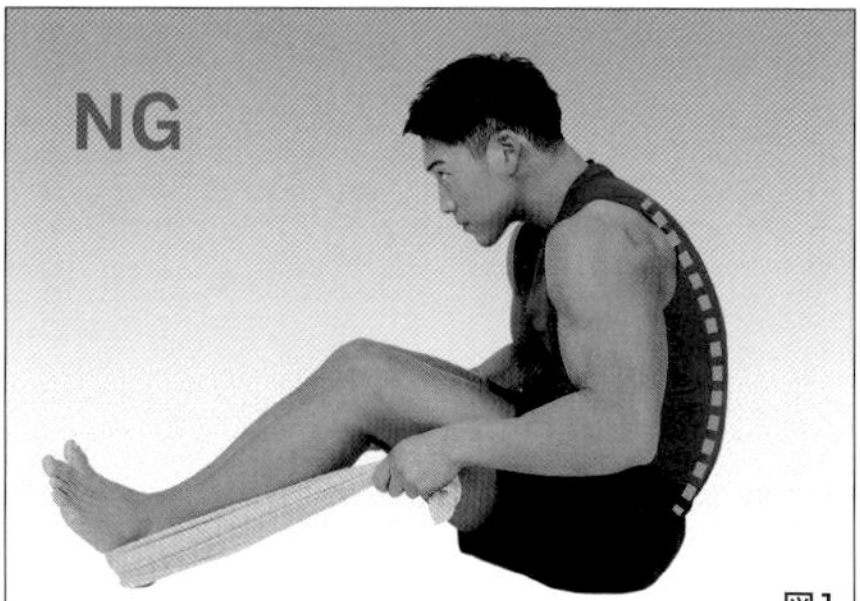

図1

背中を丸めたまま
動作すると
腰に負担がかかる

背中に効く!!

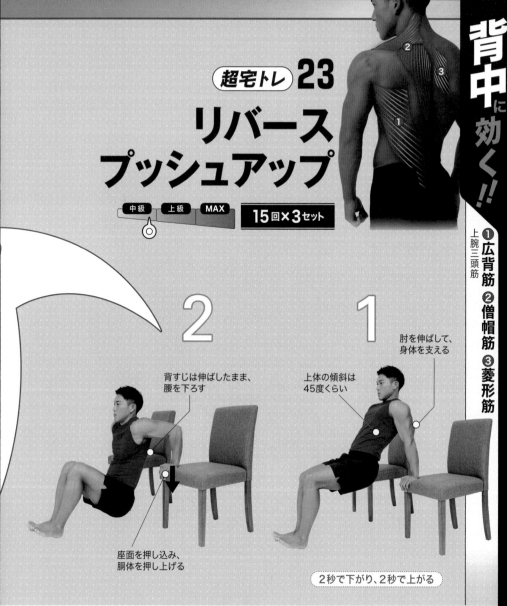

❶広背筋 ❷僧帽筋 ❸菱形筋
上腕三頭筋

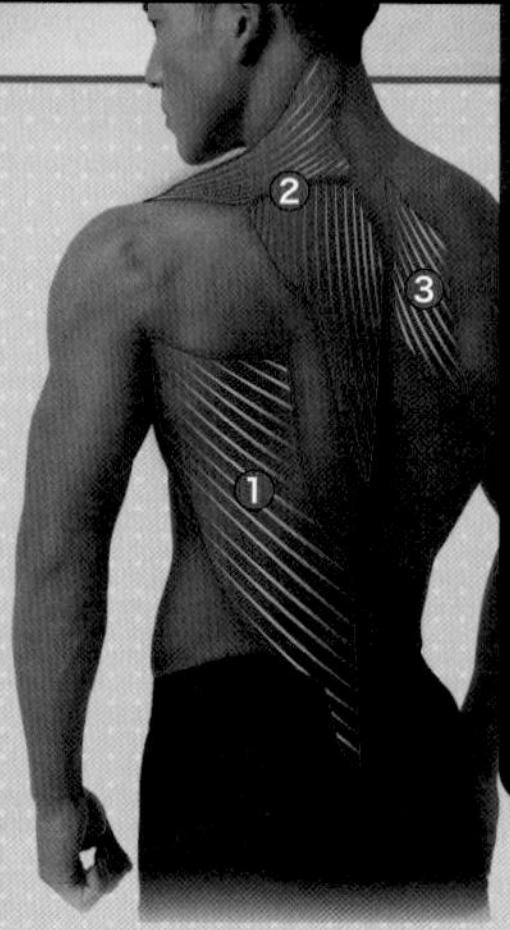

2
3
1

超宅トレ 23

リバースプッシュアップ

中級　上級　MAX

15回×3セット

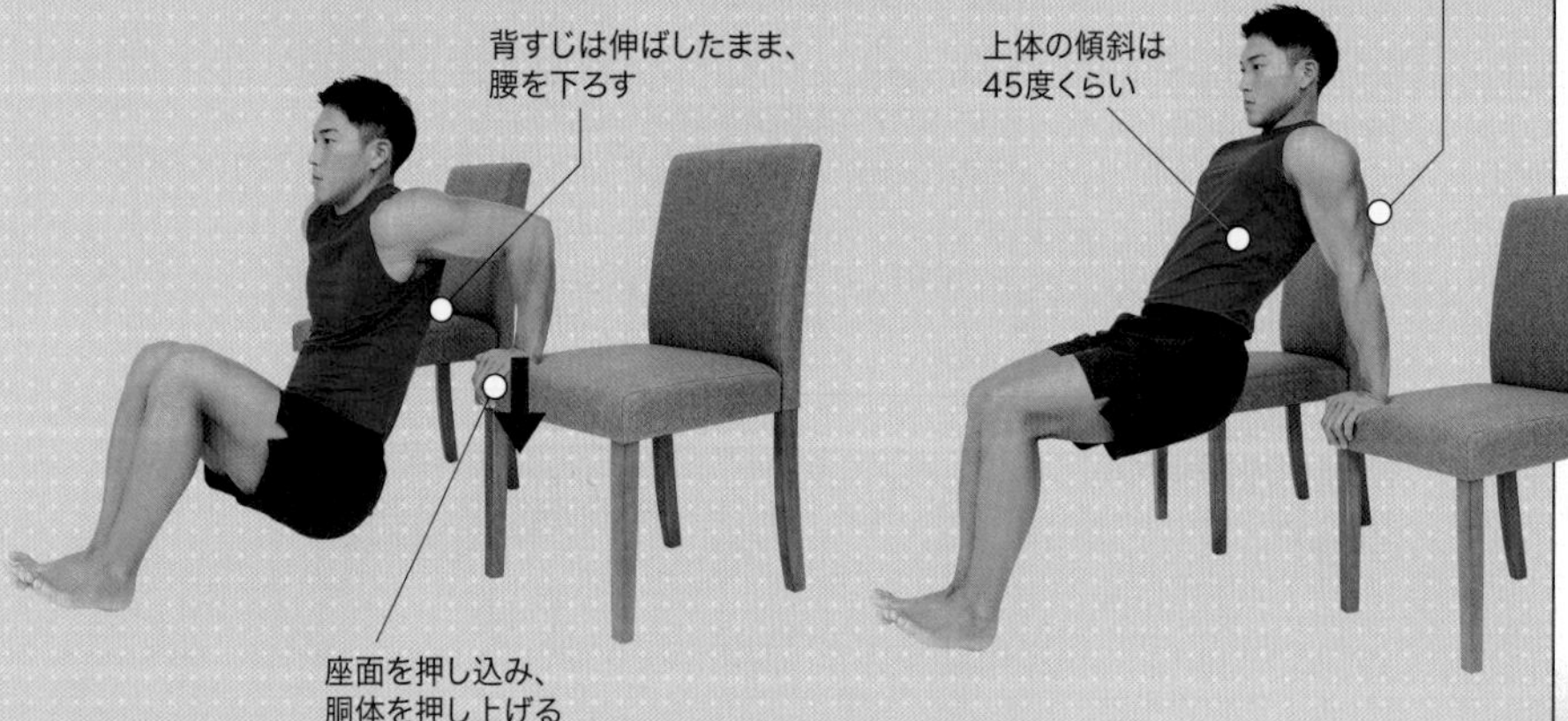

2
1
肘を伸ばして、身体を支える
上体の傾斜は45度くらい
背すじは伸ばしたまま、腰を下ろす
座面を押し込み、胴体を押し上げる

2秒で下がり、2秒で上がる

超理論

広い肩幅の鍵は三頭筋

見た目の全身バランスを整える要は肩幅にある。肩幅を広くするためには、背中と上腕三頭筋の肥大が必要で、これはその2部位を同時に鍛えることができる数少ない種目である。特に、肩甲骨の動きの強化に効果が見込める。

　動きのコツは、肘の曲げ伸ばしではなく脇の開閉という意識で行うこと。肩関節内転運動の位置付けとなるため、広背筋に効いてくる。ただし、背中が丸くなるとその目的は果たせない。可能な限り、背すじを伸ばすことを忘れずに。

　肩関節の柔軟性不足により動作が困難な場合は、床につける足の位置を身体に近づけたり、下がり幅を少なくしたりして対応を。そして、普段からウエイトをしっかり扱い本来の可動域を取り戻す努力をすること。

⇦動画Check

超格言
背中を絶対に丸めない！

- ☑ 腰は身体に沿って下ろす
- ☑ 座面を強く押し込み、胴体を押し上げる

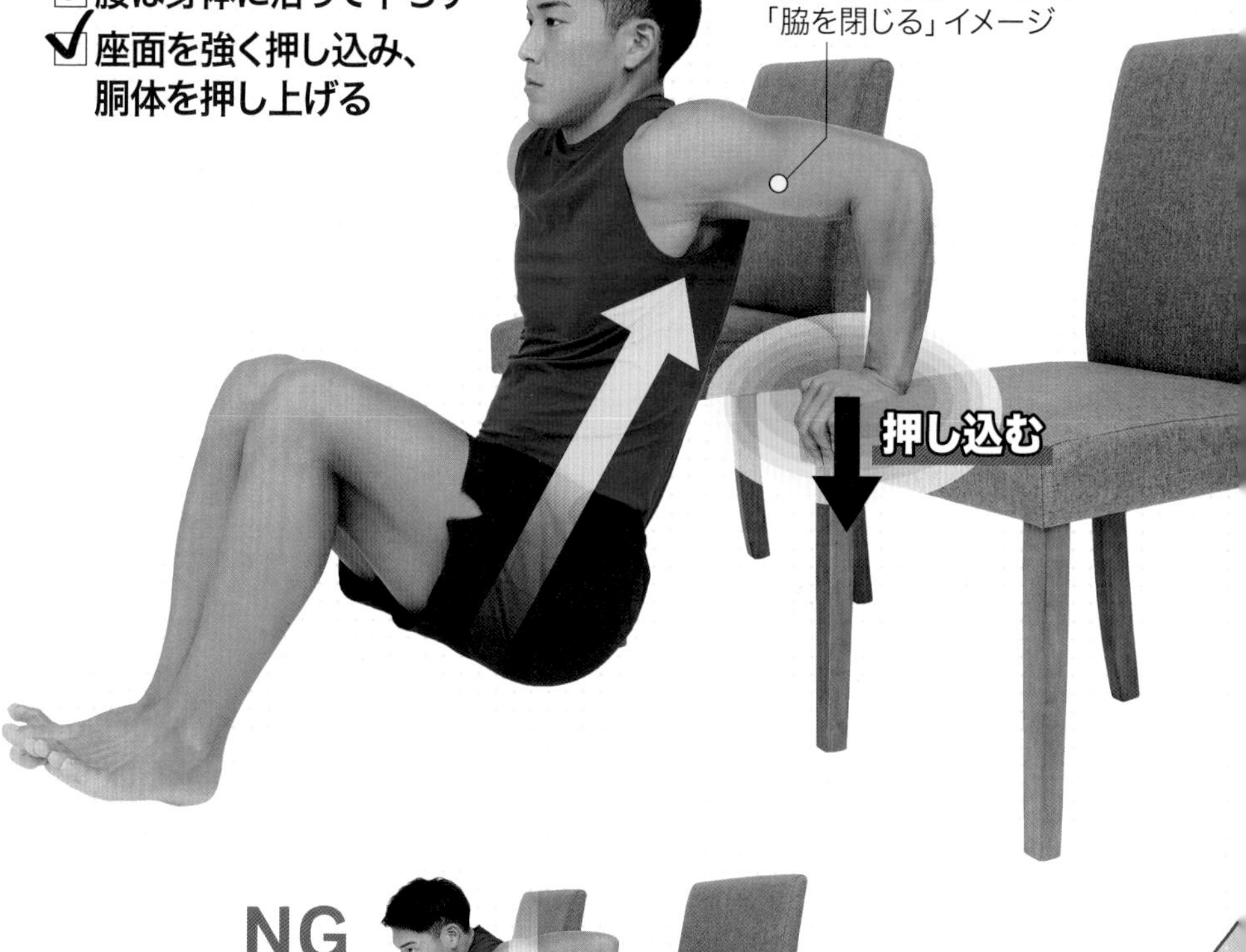
戻るときは
「肘を伸ばす」ではなく、
「脇を閉じる」イメージ
押し込む

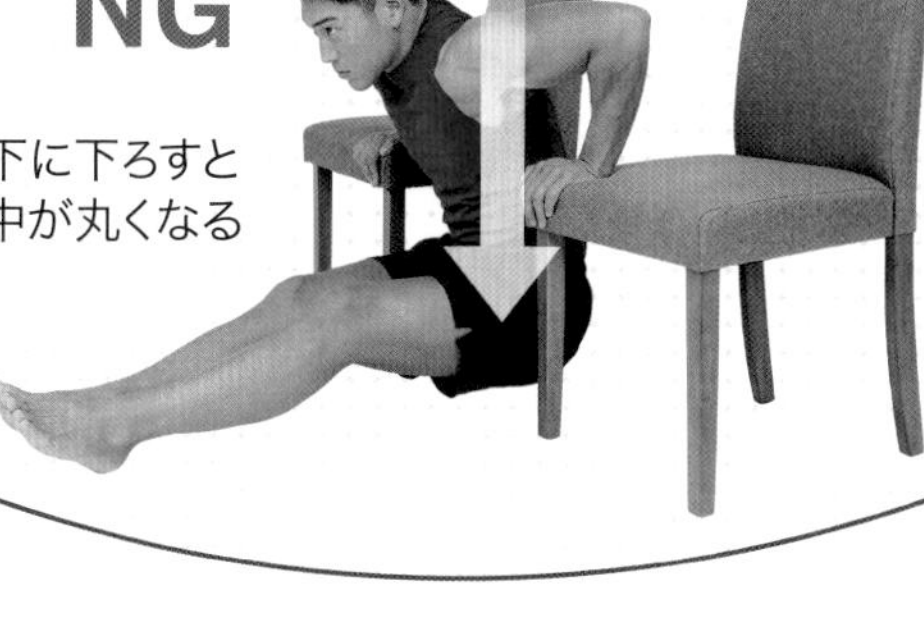
NG
真下に下ろすと
背中が丸くなる

2
3
1

超宅トレ 24
リバースグリップインバーティッドロウ

中級　上級　MAX

15回×3セット

2
机の天板に胸をつける
身体はまっすぐ板のように
1
手幅は肩幅と同じ
逆手で掴む

2秒で引き上げ、2秒で下ろす

❶広背筋 ❷僧帽筋 ❸菱形筋

大臀筋、脊柱起立筋、上腕二頭筋

超理論

背中と二頭筋を同時に

机のふちを肩幅でリバースグリップ＝逆手で掴むと、肩関節の伸展運動になる。そのため、肩関節周辺よりも広背筋に負荷が集中しやすい。また逆手にすることにより、背中と同時に上腕二頭筋を使うことができる。

宅トレで器具を使わずに二頭筋まで一緒に鍛えられる数少ない種目であるとともに、背中と二頭筋が発達することで合理的な力発揮ができるようになる。競技など実践の場面にも生きてくる。

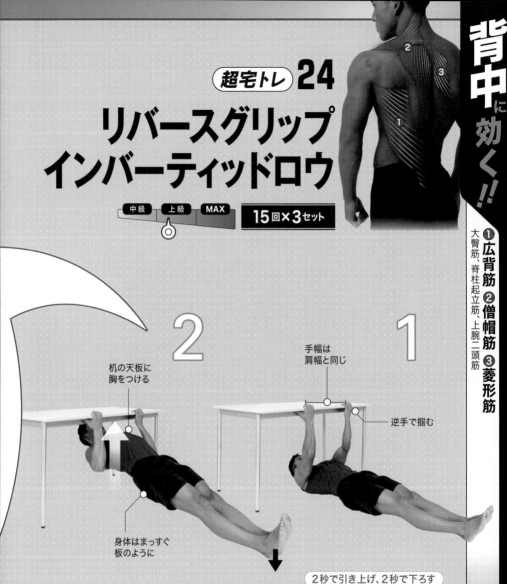

⇦動画Check

超格言

身体を板にしろ！直線に保て！

- ✓身体をまっすぐ引き上げる
- ✓かかとで床を強く押し込む

NG

腰だけで動作しない

+α《プラスアルファ》で限界突破!!

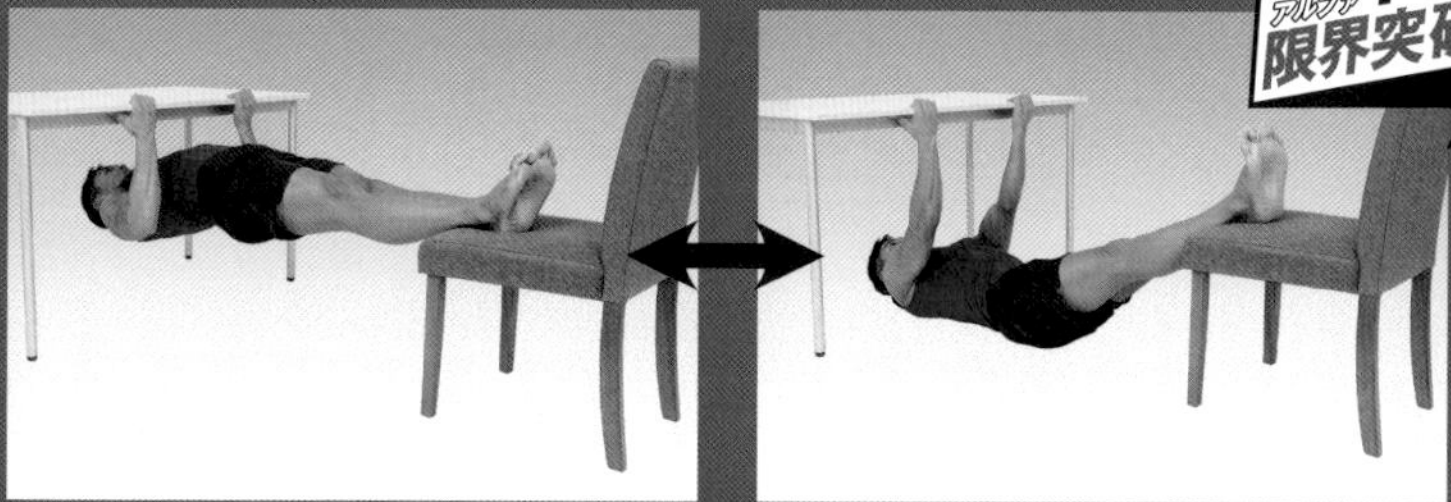

脚を椅子などの台に乗せた状態で同じ動作をすると、強度が上がる。

超宅トレ 25

インバーティッドロウ

中級　上級　MAX

15回×3セット

背中に効く!!

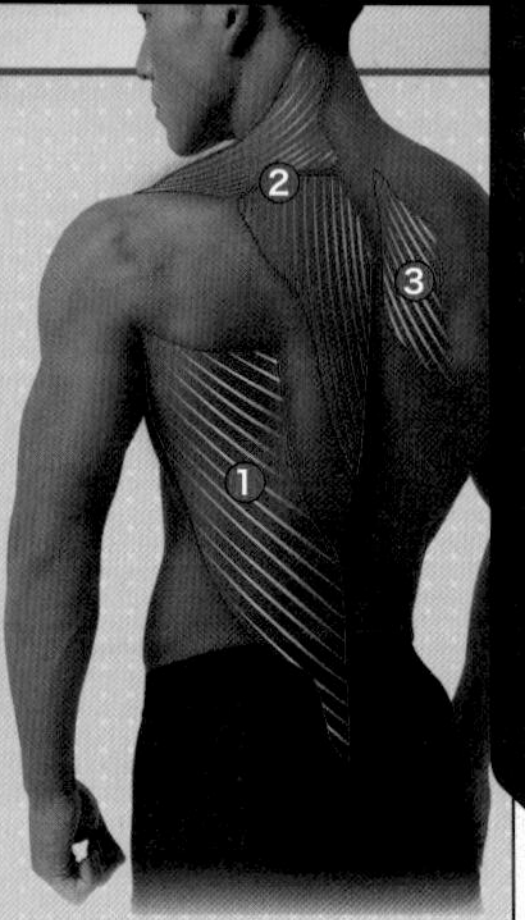

❶**広背筋** ❷**僧帽筋** ❸**菱形筋**

大臀筋、脊柱起立筋、三角筋（後部）

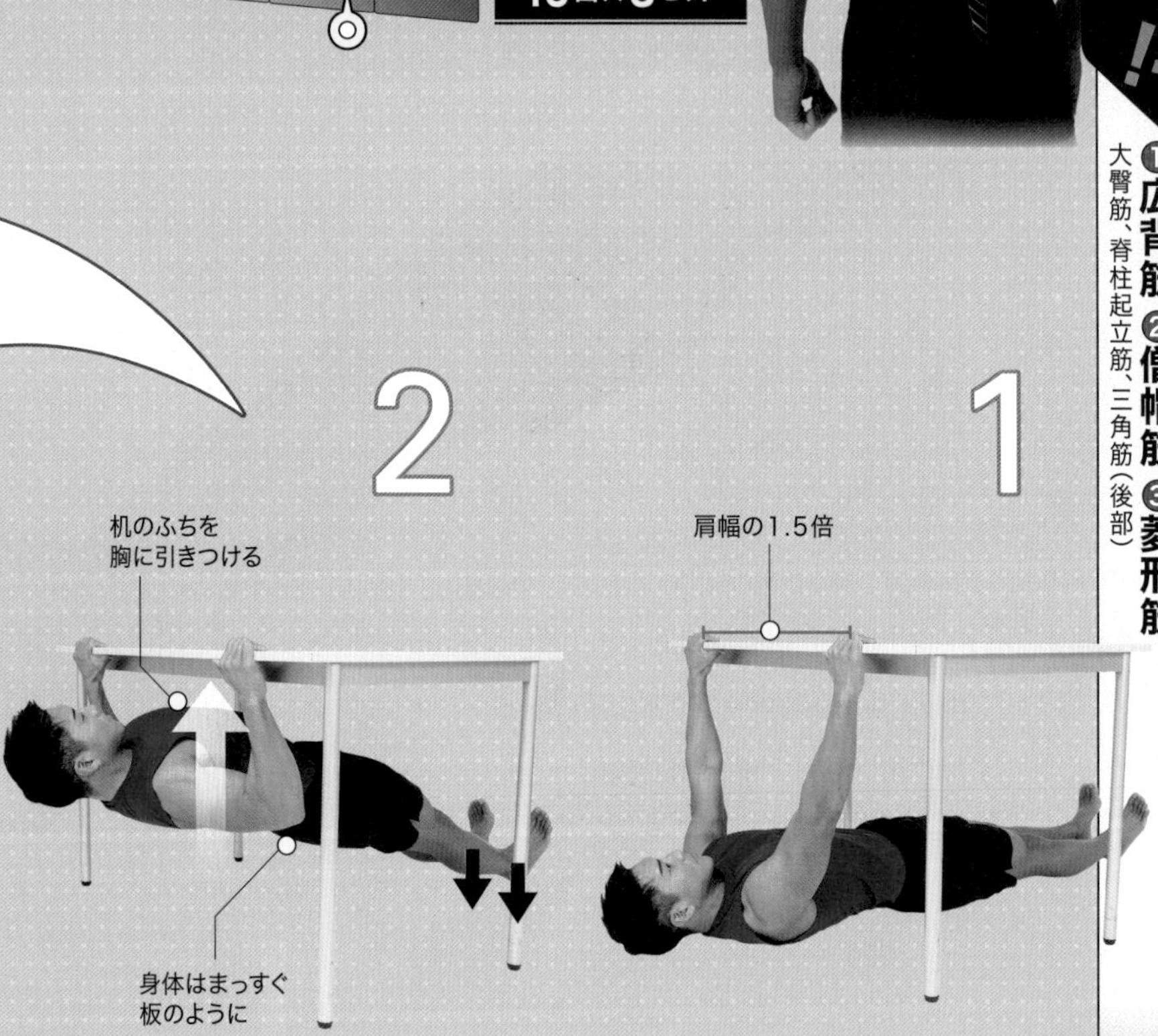

2秒で引き上げ、2秒で下ろす

超理論

成長と目的に合わせて

自宅でできる懸垂に最も近い動作であり、器具なしのトレーニングとしてはかなり難易度が高い種目。基本の手幅は肩幅の1・5倍だが、広げるほど（**図1**）にモーメントアームが上昇。肩関節水平伸展のトルクが大きくなるため、三角筋（後部）、僧帽筋、菱形筋により強い刺激が入るようになる。自分の成長と目的に合わせて、手幅を調整していくといい。

また、この動作中は脊柱起

図1

手幅で強度が変わる

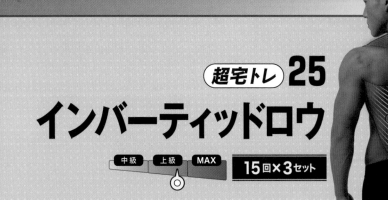

⇦動画Check

超格言

ボディを直線に保て！

- 机のふちを胸に引きつける
- かかとで床を強く押し込む

+α《プラスアルファ》で限界突破!!

脚を椅子などの台に乗せた状態で同じ動作をすると、強度が上がる。

立筋と大臀筋がアイソメトリック収縮維持となる。そちらの強化としても有効。逆手で行う「リバースグリップインバーティッドロウ」（P66）同様、身体は板状に固定することを忘れずに。

2
3
1

❶広背筋 ❷僧帽筋 ❸菱形筋

脊柱起立筋、三角筋(後部)

超宅トレ 26 リバースエルボーフライ

中級 上級 MAX

15回×3セット

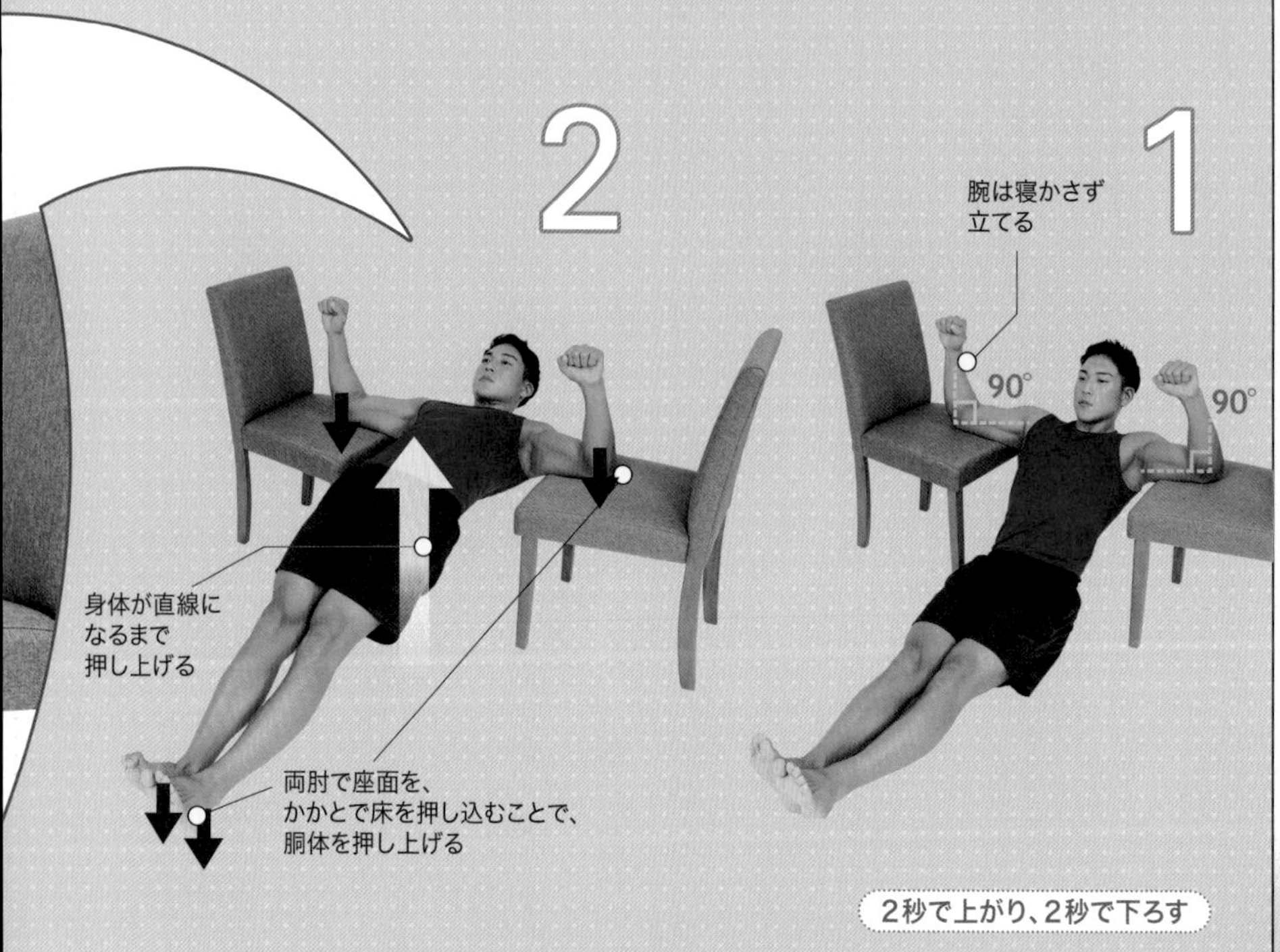
2
1
腕は寝かさず立てる
90°
90°
身体が直線になるまで押し上げる
両肘で座面を、かかとで床を押し込むことで、胴体を押し上げる
2秒で上がり、2秒で下ろす

超理論

挑戦権は得たか?

背中の力が足りないと、まずスタートのポジションがとれないだろう。難なく姿勢を作れる者のみに挑戦権が与えられる種目である。

動作は肩関節の単関節運動。肩周辺以外の筋肉は関与できないため、背面のなかでも特に肩まわりの強化におすすめ。また、肩甲骨内転動作に強い負荷がかかるので、僧帽筋と菱形筋のトレーニング強度が高い。

肘を置く椅子と椅子の距離を遠ざけるとモーメントアームが上昇し、肩関節水平伸展のトルクが大きくなるため強度が高くなる。ぜひチャレンジしてほしいが、肩甲骨が挙上しやすい動きのため、しっかり下制しておくことを忘れずに。

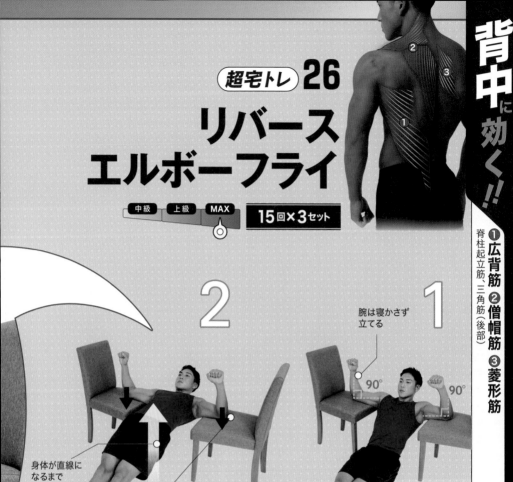

⇦動画Check

超格言

頭から足まで一直線

- ☑両肘・かかとで強く押し込む
- ☑肩関節を内転させ、胸を張る

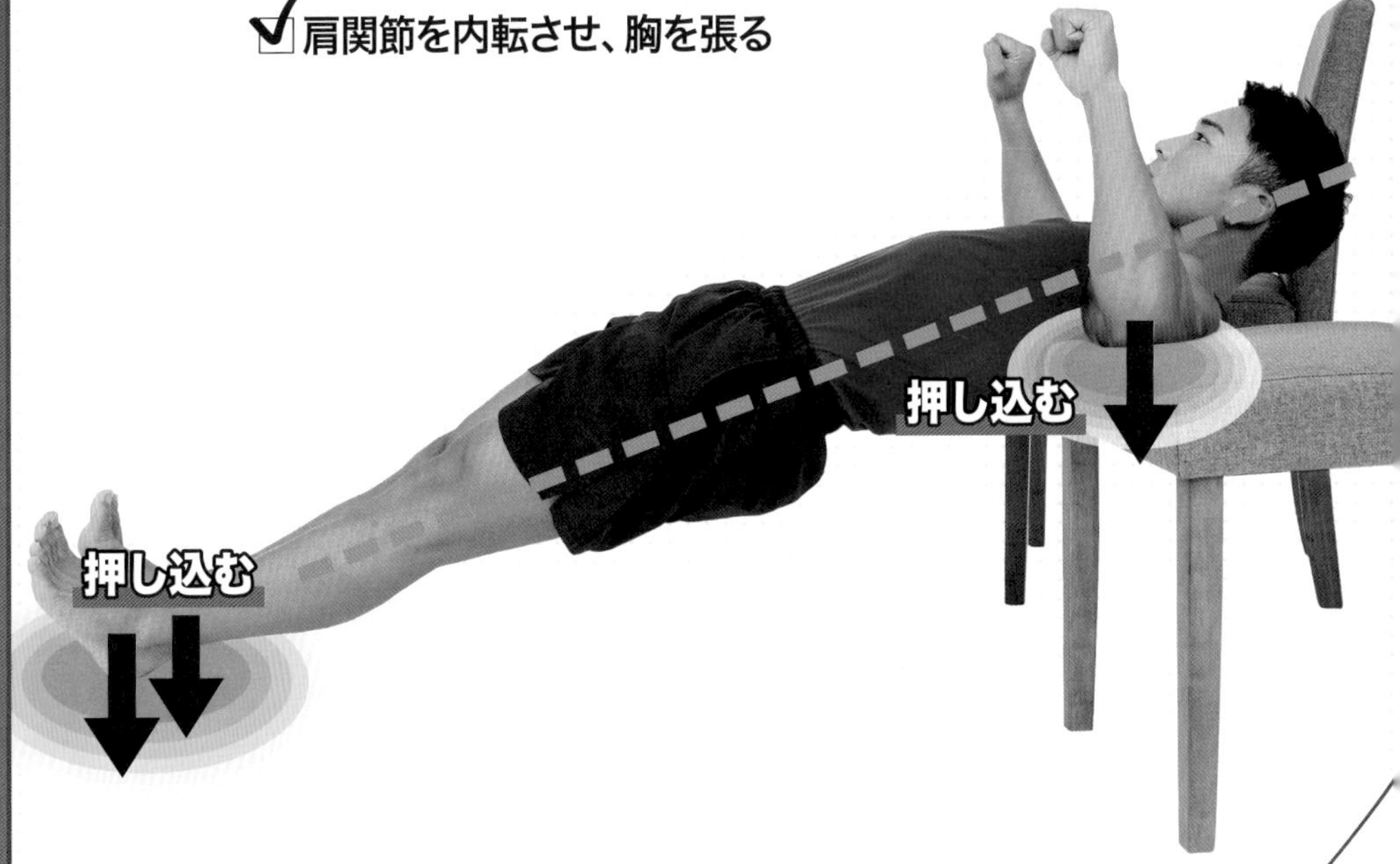

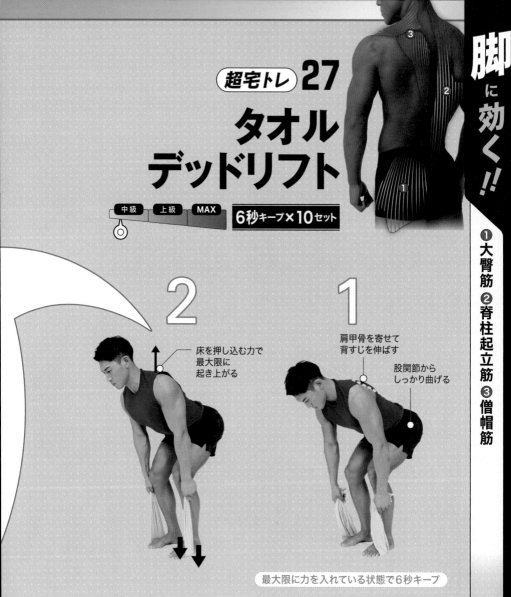

超宅トレ 27
タオルデッドリフト

中級　上級　MAX

6秒キープ×10セット

③
②
①

❶大臀筋 ❷脊柱起立筋 ❸僧帽筋

2　1

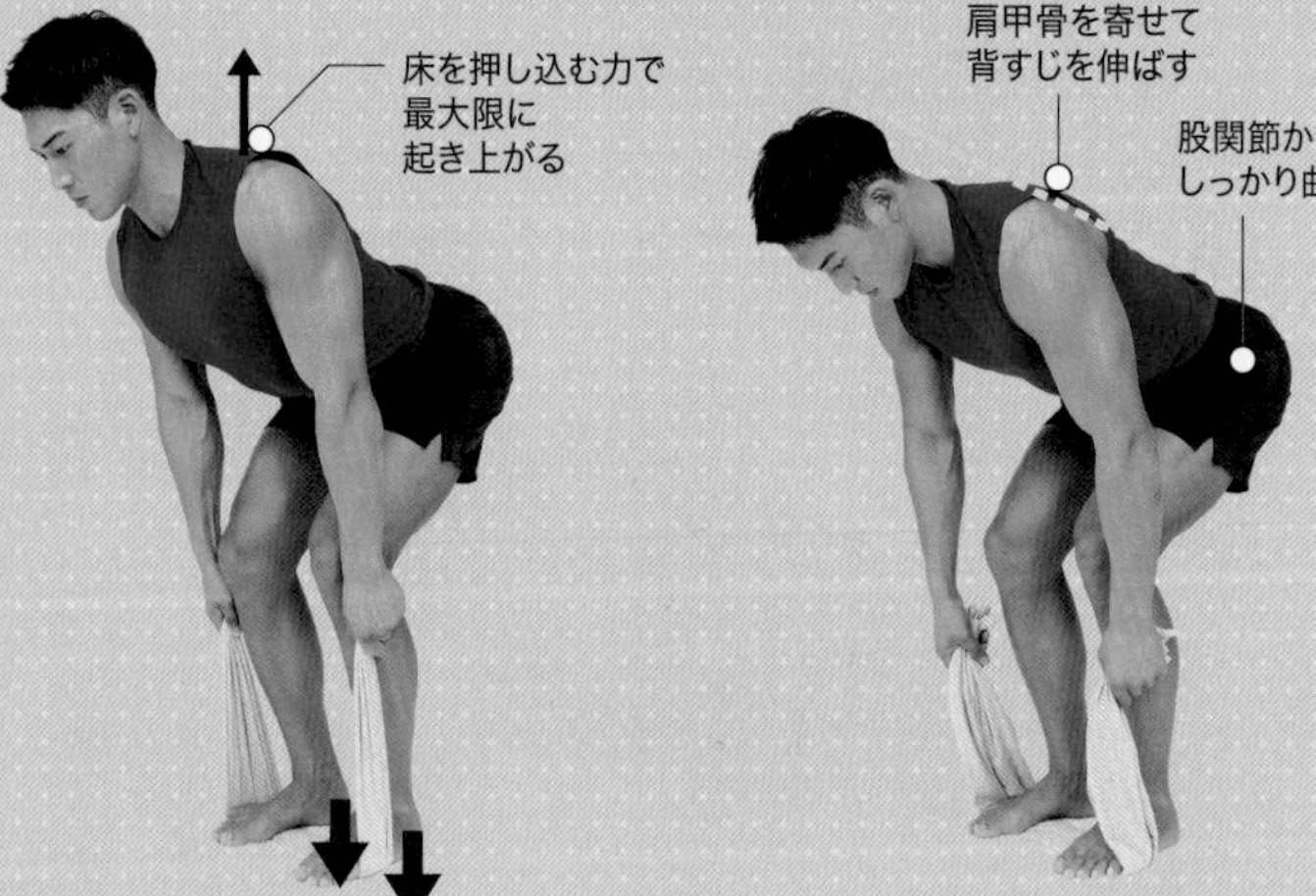
床を押し込む力で
最大限に
起き上がる
肩甲骨を寄せて
背すじを伸ばす
股関節から
しっかり曲げる

最大限に力を入れている状態で6秒キープ

超理論

下半身と上半身の連動

デッドリフトの基本姿勢は肩甲骨内転。それを維持し続ける必要があるため、アイソメトリック収縮の効果で僧帽筋が強く刺激される。背中が弱いうちは挑戦する資格がないといえる種目だ。

強い背中を獲得したうえで実践してみると、体幹部と股関節の連動性を作るのにとても重要な動作だということがわかるだろう。あくまでデッドリフトは床を強く押し込むことで脚力を向上させるトレーニングであるが、上半身との連動も必要であり、同時に背中にもさらなる刺激を与えることができる。

超格言
床を強く押し込め！

- ☑背すじを伸ばしたまま動作する
- ☑床を押す反力で立ち上がる

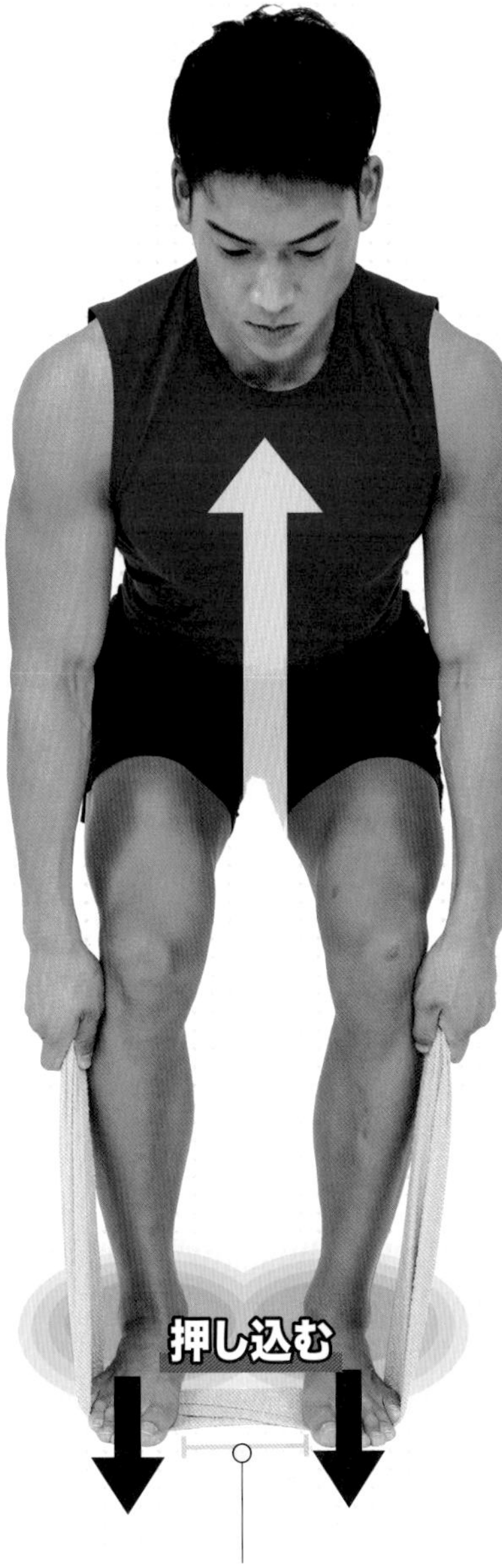

手で引き上げようとすると、背中が丸まる

NG

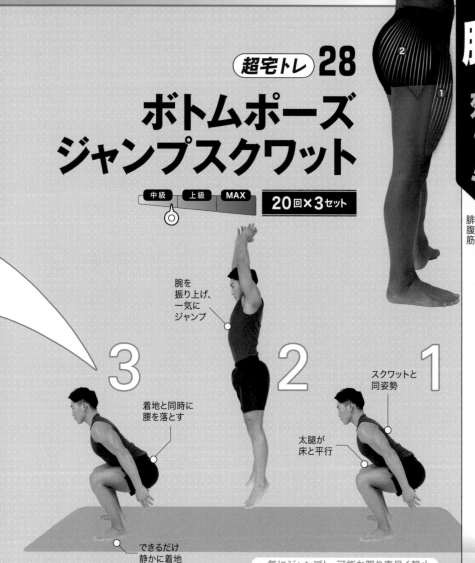

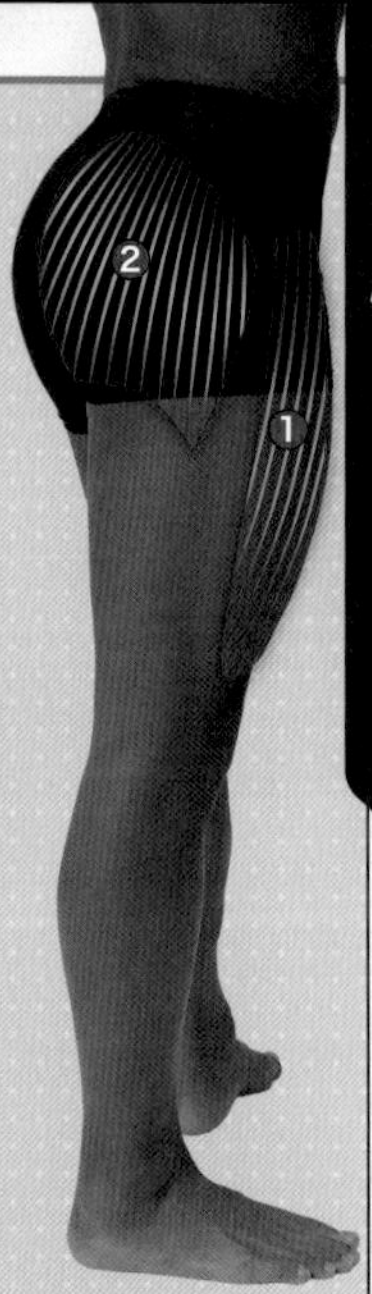
②
①

❶大腿四頭筋 ❷大臀筋
腓腹筋

超宅トレ 28

ボトムポーズジャンプスクワット

中級 上級 MAX

20回×3セット

1
スクワットと同姿勢
太腿が床と平行
2
腕を振り上げ、一気にジャンプ
3
着地と同時に腰を落とす
できるだけ静かに着地

一気にジャンプし、可能な限り素早く静止

超理論

完璧なパラレルスクワットが大前提

図1

パラレルスクワット

ジャンプすることにより自体重に加速度を加えることができ、着地と同時にパラレルスクワット（図1）でしゃがむ姿勢をとることによって、すべての負荷を尻から太腿にかけることができる。加えて、無音着地することでエキセントリック収縮のレベルが上がり、さらに可能な限り急激なブレーキを加えることでも、負荷が強くなる。それらの効果を得るのが、この種

⇦動画Check

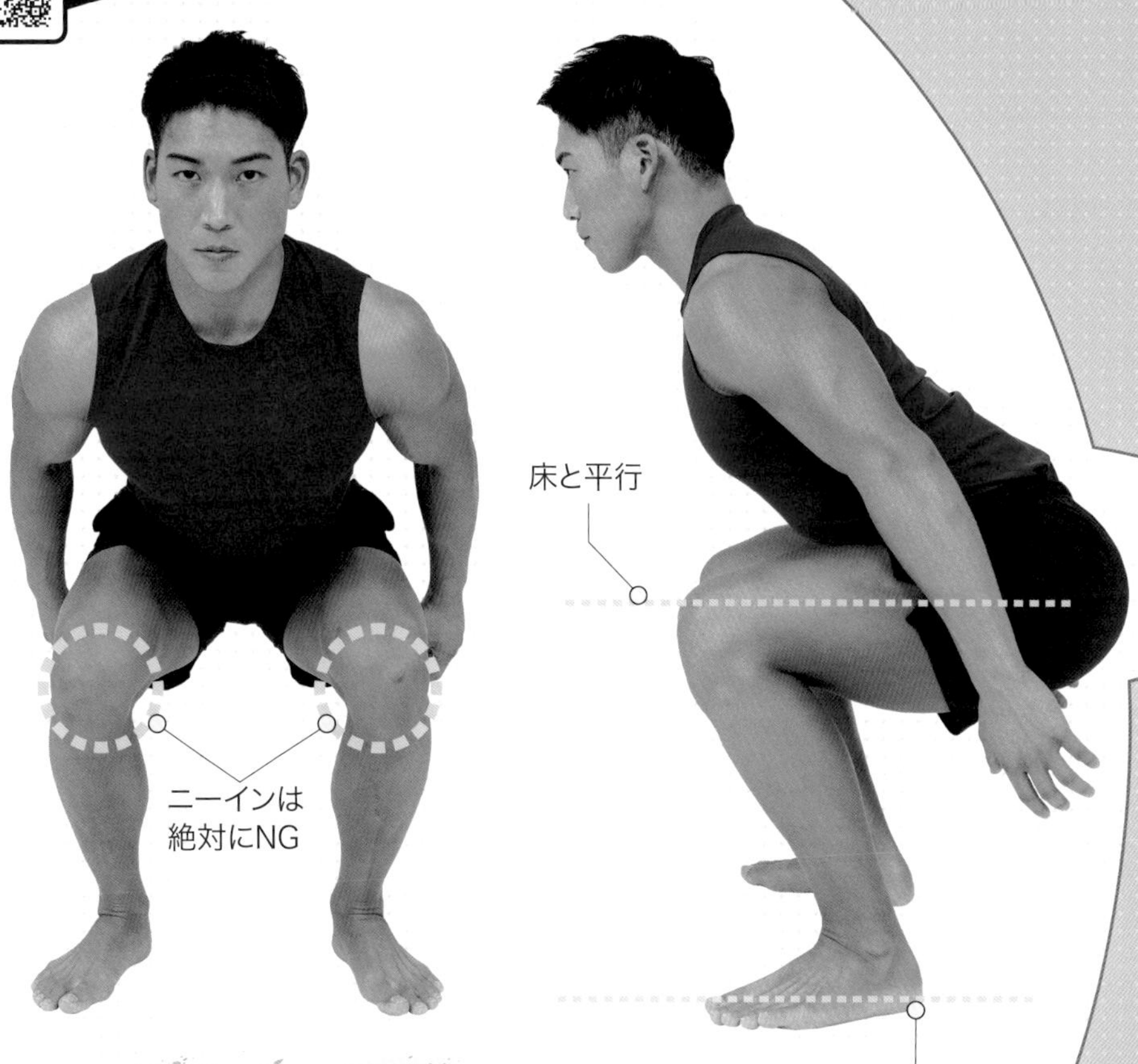

超格言
急ブレーキ&ビタ止め着地！

- ☑ 可能な限り、かかと荷重の時間を長く
- ☑ 着地してから、ではなく着地と同時にしゃがむ

目の目的である。

　つまり、パラレルスクワットを完璧にできることが前提となる。不安が残る者やできない者には、挑戦する資格がない。できるとできないでは成果の差が極めて大きいからだ。

超宅トレ 29

シングルデッドリフト

中級　上級　MAX

15回×左右3セット

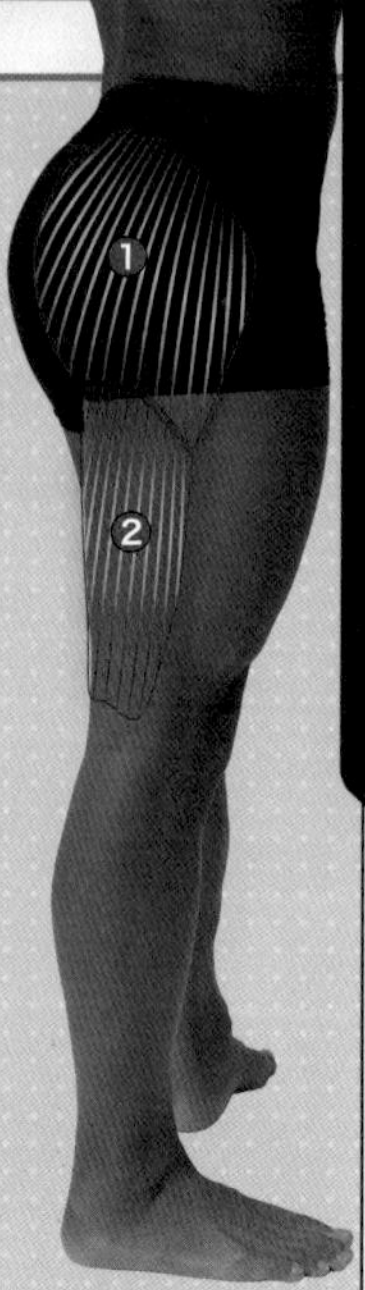
1
2

❶大臀筋　脊柱起立筋　❷ハムストリングス

2
上体の前傾と
合わせて
後ろの脚も上げてくる
真下に
ぶら下げておく
床を押し込む
1
肩甲骨を寄せ、
背すじは
伸ばしたまま
片足で立ち、
片方の脚は
後方に

4秒で前傾、4秒で起き上がる

超理論

全身シーソー

NG

図1

肩甲骨の開き、腰の丸まりに注意

片足で立ち、上体を前傾させていく動作のなかで、バランスの強化と片足で力を発揮する能力の向上を目指す。前傾する際に、肩甲骨が開いたり後ろ脚が上がらずに腰が丸まったりすると（**図1**）、狙った刺激が得られなくなるので注意。イメージとして全身がシーソーのように動けるとよい。軸となる脚の膝は曲がって構わないが、伸ばし切らないまでも、そこまで曲げずに上体を前傾させ

⇦動画Check

超格言

背中を絶対に丸めない！

- ☑骨盤から前傾
- ☑後ろ脚もしっかり上げる

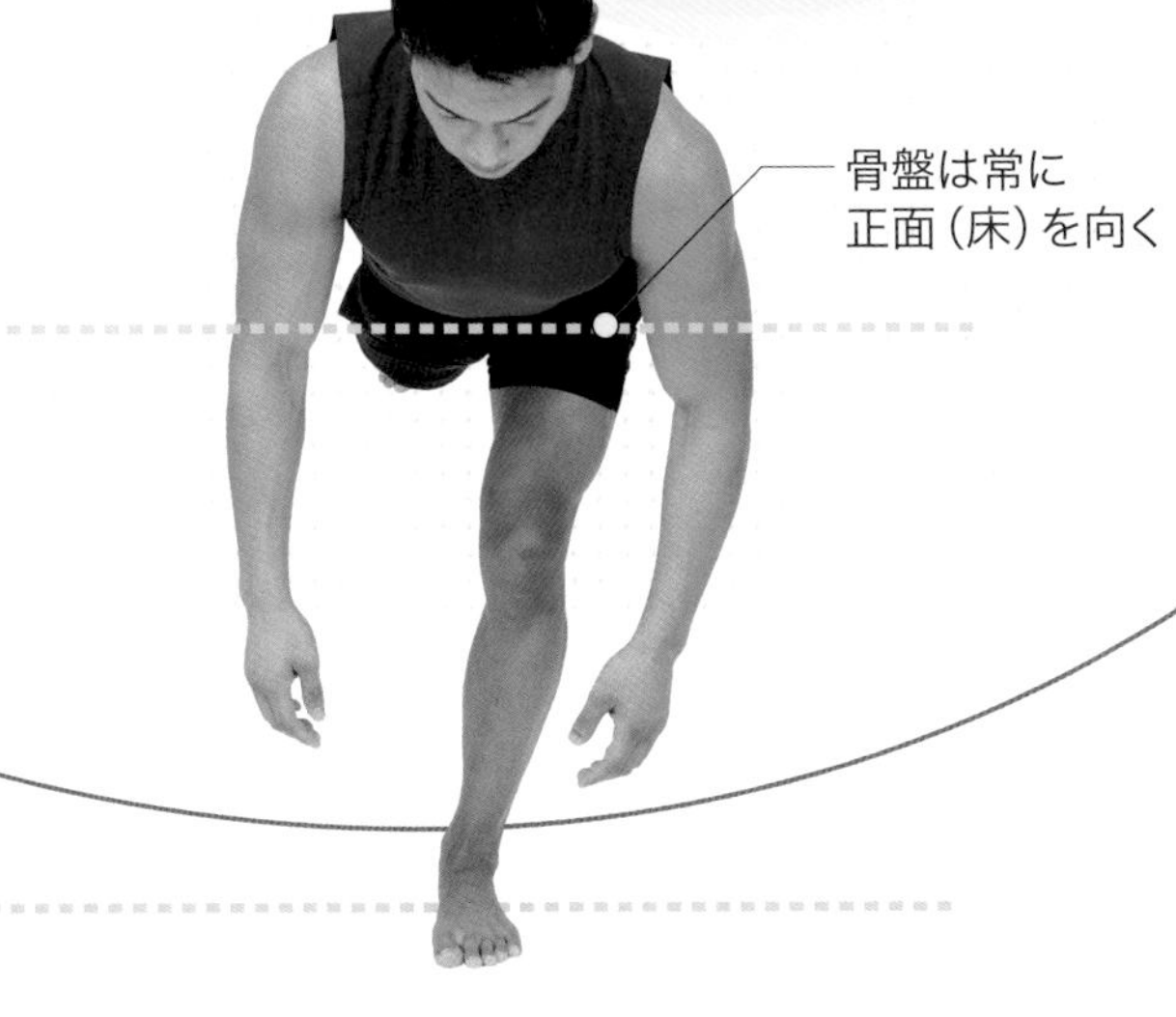

ることができれば、それだけハムストリングスへの負荷が増して成果が上がる。

超宅トレ 30

ラテラルスライドランジ

中級　上級　MAX

20回×3セット

❶大腿四頭筋 ❷大臀筋 ❸中臀筋
深層外旋六筋

超格言

尻でブレーキ！かかとで踏み込む！

- ✓ 肩、尻、膝がかかとの真上に
- ✓ かかと荷重でしっかり踏み込む

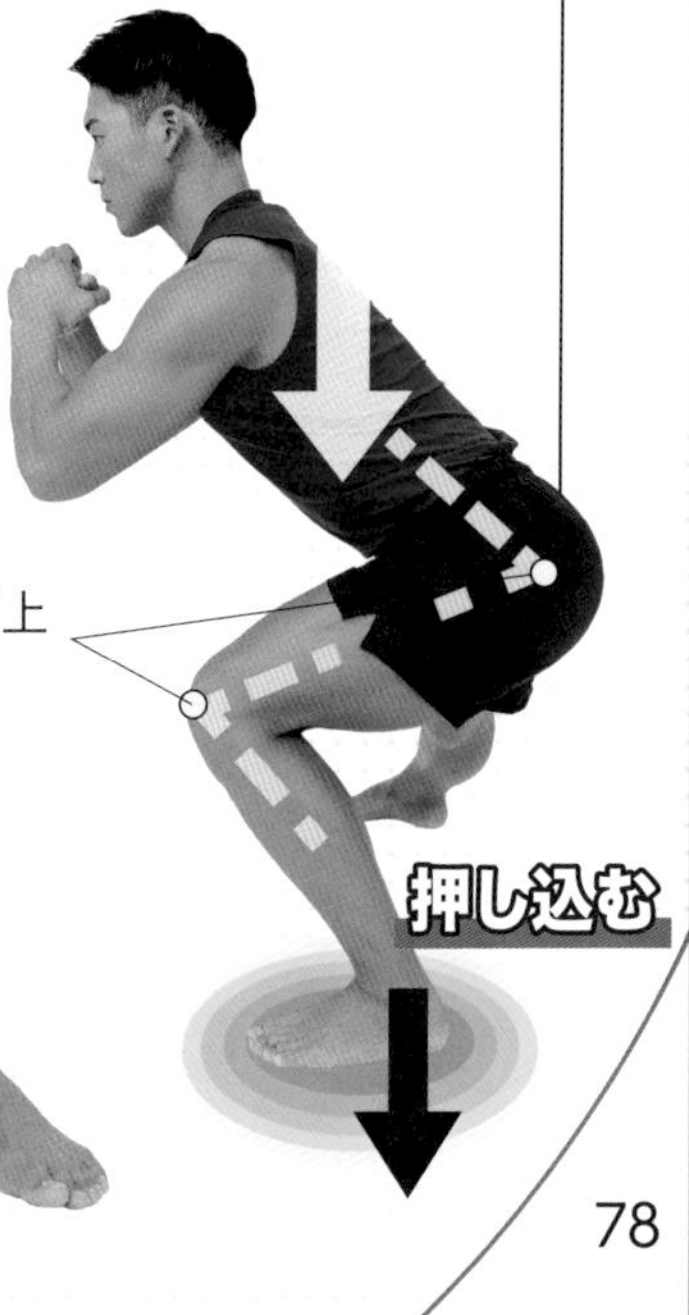

⇦動画Check

1
腰幅の1.5倍
つま先は正面
3
2
かかとの
真上まで
スライド
スライドできたら
90度以上曲げてから
1に戻る
スライドできたら
90度以上曲げてから1に戻る

2秒で片側スライド、左右スライドで1回

超理論

スライド&ストップ

股関節内旋を伴う股関節屈曲により大臀筋に刺激が入り、サイドにスライドする動きからのストップ動作により中臀筋が鍛えられる。このように、通常のスクワットでは得られない刺激が加わるため、スクワットとの併用を勧めたい。

回数をこなしツラくなってくると、肩、尻、膝をかかとの真上に持って来るのが困難になる。しかし、これらが一直線にならないと、このトレーニングの意味はない。最後まで全身気を抜くことなく、一直線になることを意識して臨んでほしい。

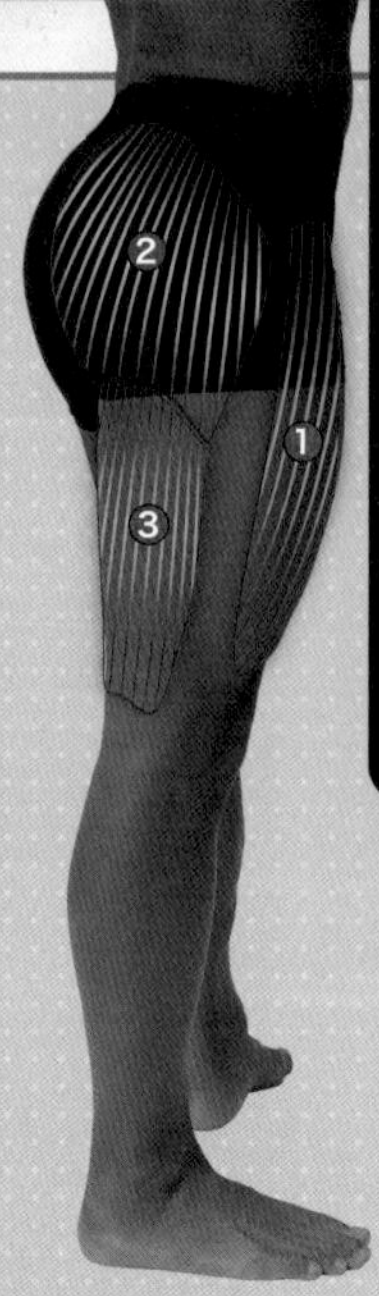
②
①
③

①大腿四頭筋 ②大臀筋 ③ハムストリングス

超宅トレ 31 シングルレッグスクワット

中級 上級 MAX

10回×左右3セット

2
1
片足で立ち、
後ろ脚の膝を
軽く曲げる
かかとで押し込んで、
全身を押し上げる
床につくまで
しゃがむ

2秒で下りて、2秒で上がる

超理論 かかと荷重の意識

完全にしゃがんだ状態から片足で立ち上がる動作のため、自体重のスクワット系では最も負荷が高い種目となる。バランスだけでなく、足関節の柔軟性と体幹部の強さが必要となるため、トータル的に見ても極めて強いトレーニングと言える。

膝関節伸展優位になるため大腿四頭筋が優位に鍛えられるが、願わくば、前足の重心をかかとに置いて動作したい。股関節の伸展トルクが上がって、大臀筋への刺激が激増するからだ。しかし、多くの

NG

図1

膝のグラつきやニーインに注意

⇦動画Check

超格言

かかとで押し込み、立ち上がれ！

- ☑しゃがんだところで休憩しない
- ☑前足のかかとが浮かないように

+α《プラスアルファ》で限界突破!!

片足でゴムバンドを踏み、一番低い位置でテンションがかかるように調整。両端を掴み、立ち上がる。

者がうまくバランスをとれずにつま先重心になりがち。結果的にできなくても、かかと荷重を意識することを忘れずに。

また、間違えてニーイン（図1）にならないよう注意すること。そして、しゃがみ込んだところで休憩しないこと。2秒かけてしゃがんだら、すぐに床を押し込み2秒かけて上がる。テンポを大切に。

超宅トレ 32

スクイーズ シングルヒップリフト

中級　上級　MAX

15回×左右3セット

1
片膝を曲げ、もう片方は膝を伸ばして床から浮かせる
2
膝から肩まで一直線
かかとで真下に押し込み、胴体を押し上げる
最大限の力を込めてキープ

1秒で上げ、最大限力を込めた状態で3秒キープ、1秒で下ろす

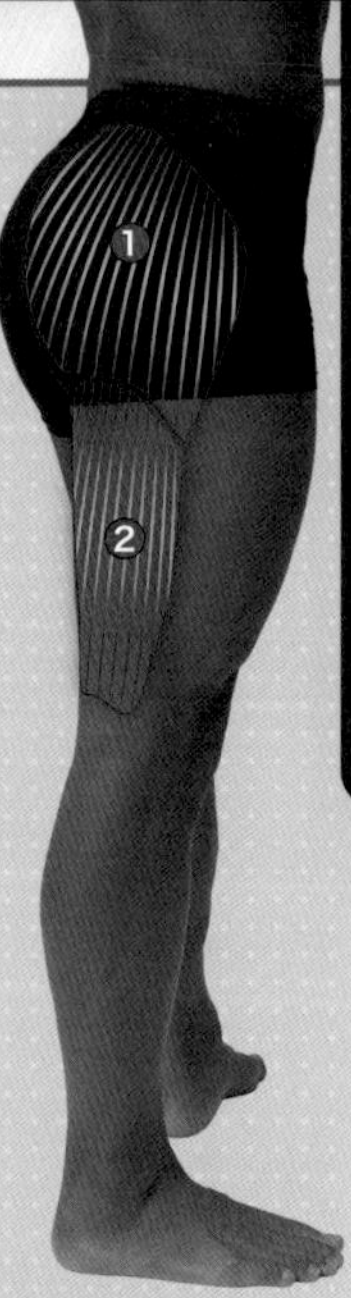

❶
❷

尻に効く!!

❶大臀筋 ❷ハムストリングス

脊柱起立筋

超理論

ターゲットとポジション

かかとで床を押し込むことで、股関節伸展となり大臀筋に刺激が入る。挙上は「上体が直線になるまで」だが、上げたところからさらに大臀筋に力こぶを作るようにすることで、大臀筋への刺激はさらに強まる。

かかとの位置を尻から遠ざけると、今度はハムストリングスへの負荷が増す。そのため大臀筋とハム、どちらをターゲットに据えるかによってポジションを決めてもよい。あるいは1セットずつ、かかとの位置を変えながら、複数セット行うのもいいだろう。

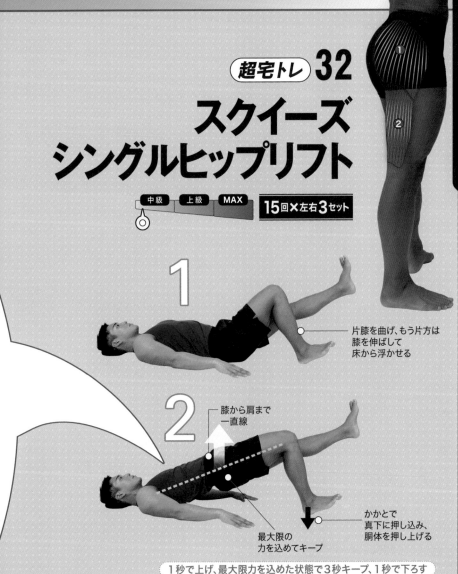

超格言
かかとで押し込み、尻に力を！

- ☑床を押し込むから、尻が上がる
- ☑尻に力こぶを作る

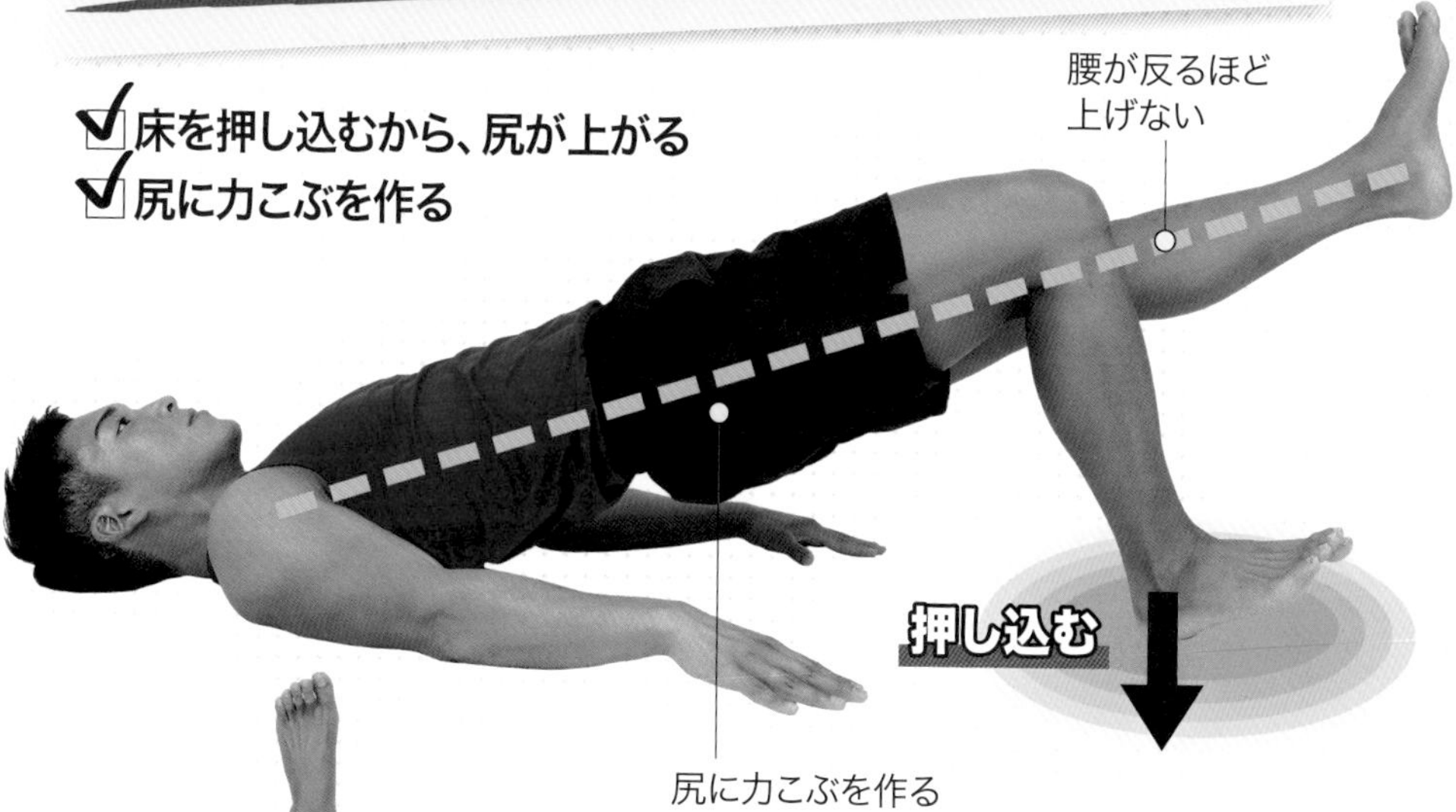
腰が反るほど
上げない
押し込む
尻に力こぶを作る

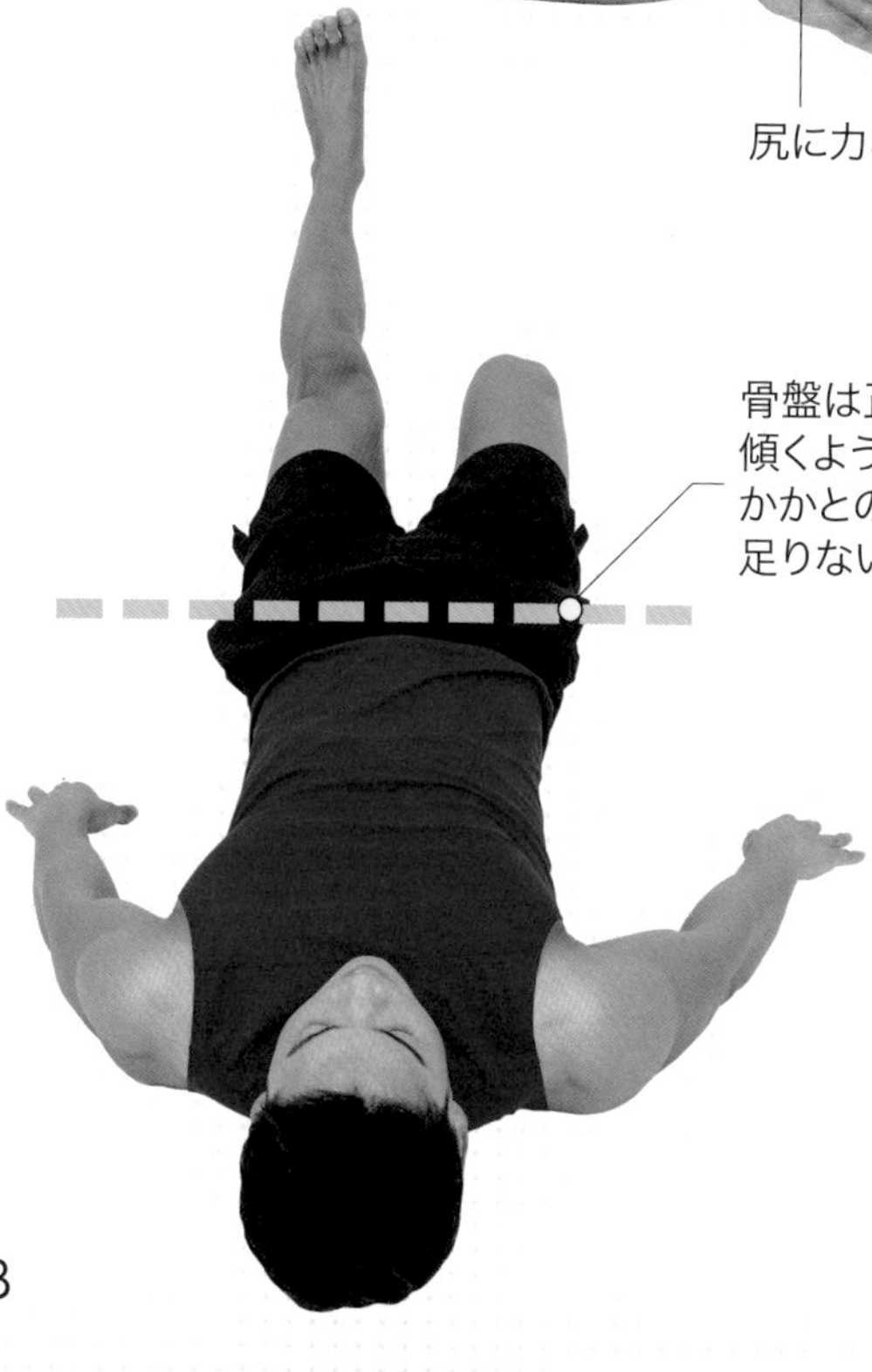
骨盤は正面（天井）を向く。
傾くようなら
かかとの押し込みが
足りない

NG

②
①

①大臀筋 ②内転筋

大腿四頭筋、腸腰筋

超宅トレ 33

リアスライドランジ

中級 上級 MAX

15回×左右3セット

1
2
手は腰に
添えてもOK
前脚を床に押し込む力で
胴体を押し上げる
後方にスライドする
滑りを良くするために
タオルなどを使用

3秒でスライド、2秒で戻る

超理論

姿勢のブレを防ぐには

動作中、骨盤の向きに注意が必要である。前脚の股関節を内旋させることで、より前脚の大臀筋に強い刺激が入る。前脚の股関節を内旋させると、自動的に後ろ脚は真後ろではなく外側に行くはずである。

なお、後ろ脚は後方にスライドさせたところから引きつける局面で内転筋がかなり強く使われる。下半身のトレーニングにおける使用筋の組み合わせとして、かなり珍しい。

⇦動画Check

超格言

骨盤が傾くことを許さない！

- ☑重心配分は 前：後＝10：0
- ☑前脚の股関節内旋をキープ

前脚股関節内旋

前脚股関節外旋

尻に効く!!

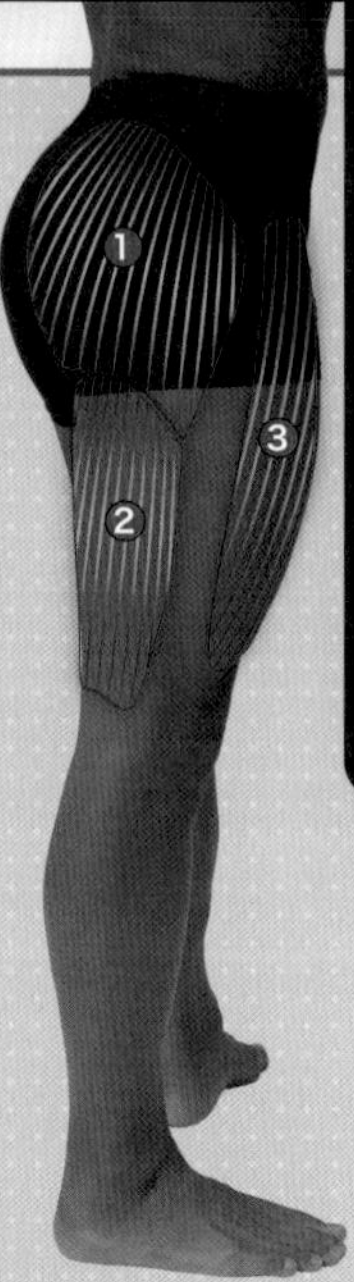

①大臀筋 ②ハムストリングス ③大腿四頭筋

超宅トレ 34

ブルガリアンスクワット

中級 上級 MAX
（上級）

15回×左右3セット

2
大腿と床が平行
外くるぶしの下で地面を押し込み、胴体を押し上げる
1
背中も腰も丸めない
全体重を前足かかとにかけられる位置を探す
高さ20cm以上

2秒で下がり、2秒で上がる(元に戻る)

超理論

股関節伸展を優位に

「片足で立ち上がる」ことに対して、最も負荷がかかるポジションをつくる。それが、本当のブルガリアンスクワット。類似種目として「シングルレッグスクワット」(P80)が挙げられるが、シングルレッグは前足の膝関節伸展を優位にした動作(**図1**)であるのに対し、ブルガリアンは股関節伸展を優位にした動作と大きく異なる。

もう一つ、押さえるべきは、

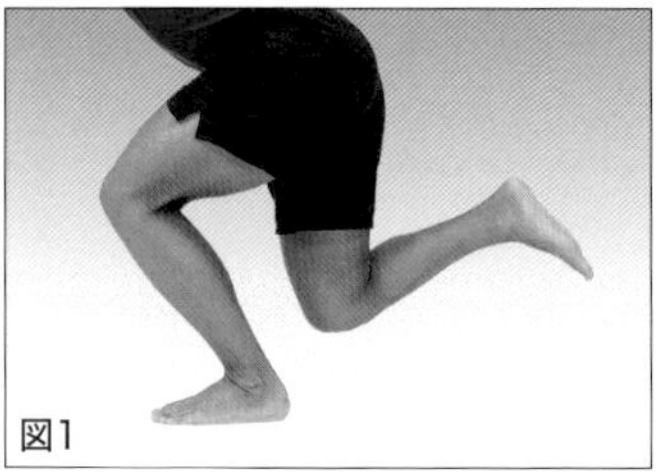

図1

このシングルレッグスクワットは膝関節伸展優位

⇦動画Check

超格言

前足で床を強く押し込め!

☑地面を押し込む力で立ち上がる
☑重心配分は　前：後＝10：0

重心配分
0
座面に
乗せておくだけ
重心配分
10
押し込む

プラス アルファ ＋αで限界突破!!

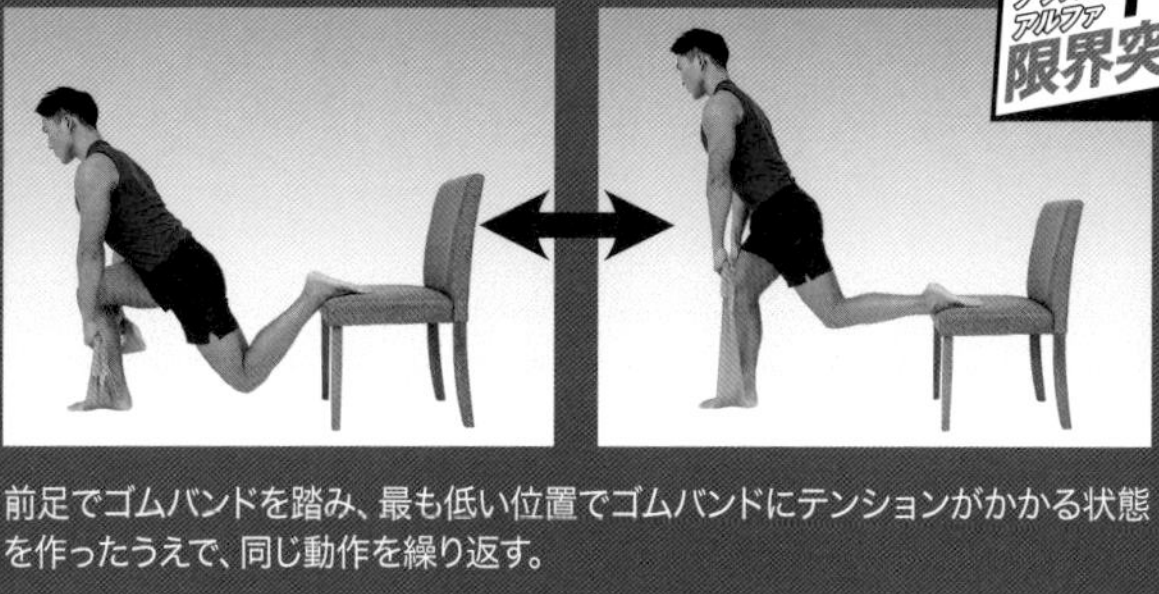

前足でゴムバンドを踏み、最も低い位置でゴムバンドにテンションがかかる状態を作ったうえで、同じ動作を繰り返す。

椅子は補助ではない、という点。椅子があるおかげで前脚の股関節伸展の負荷を増大させられることを理解して行ってほしい。

❶
❷

❶大臀筋 ❷大腿四頭筋

腹直筋

超宅トレ 35
ステップアップニーアップ

中級　上級　MAX

15回×左右3セット

2
後ろ足の膝を引き上げる
股関節伸展
座面を強く踏み込み、椅子の上に身体を押し上げる
1
後ろ足は何の仕事もしない
かかとまで、しっかりつける

一気に上がり、4秒で下ろす

超理論

最大伸張から最大短縮へ

後ろ足には一切、頼らない。前足の踏み込みだけで身体を押し上げる。自体重を完全に片足だけで支えられるだけの力が強化される種目だ。

座面に乗せた脚の股関節を「リアスライドランジ」（P84）同様に内旋させることにより、大臀筋への負荷が増大。そして、そのまま股関節が完全伸展するまで強く踏み込む。大臀筋は最大伸張から最大短縮までの仕事をすることになる。この刺激は、ほかにはないものだ。最後に、ゆっくりと時間をかけてコントロールしながら下ろすときにも、大臀筋を使い続けることができる。

⇦動画Check

超格言
上がる、ではなく踏み込む！

- ☑前足だけで動作する
- ☑後ろ足で蹴り上げない

強く踏み込むから、身体が持ち上がる

宅トレを終えた後に

ストレッチ意義

明日も追い込むために

筋トレを愛し過ぎるがゆえに、ストレッチを軽視してしまう人が多い。しかし、ストレッチをせずに筋トレを続けていくと、結果的にマイナスな要素が発生してくることを知っているだろうか。

筋トレ終了後、筋肉は少なからず緊張した状態が継続する。緊張状態にある筋肉は短縮したままとなり、血行を阻害する。そのためトレーニングで発生した老廃物が滞留しやすくなって、疲労感や痛みを感じるように。人によっては数日続くこともある。

筋トレ後にストレッチをしっかり行うと、筋肉の緊張が軽減して疲労感や痛みが残りにくくなる。そのため、翌日以降もしっかりトレーニングができるというのが、ストレッチを取り入れる利点だ。

別の視点からの利点もある。ストレッチをしないでいると、筋肉による短縮の継続により関節の可動域が低下してくる。要するに、柔軟性が低下するということ。例えば「ワイドスタンススクワット」は股関節を大きく横に開くフォームだが、柔軟性が低いと適切なフォームがとれなくなってしまう。すなわち柔軟性が低いとそれだけ筋トレのレベルを下げざるを得ないのだ。

前日の筋トレ後にストレッチを行わなかった場合
あれ？股関節が開きにくい
前日の筋トレ後にストレッチをしっかり行った場合
よしっよく開く！

筋トレ終了後、しっかりストレッチしておくことで翌日以降もしっかりと追い込める身体に整えることができるということ。以上のことを理由に「超宅トレ」では、**ストレッチはオマケでもなんでもなく、メインメニューの一つ**という認識で読み進め、実践に移していただきたい。

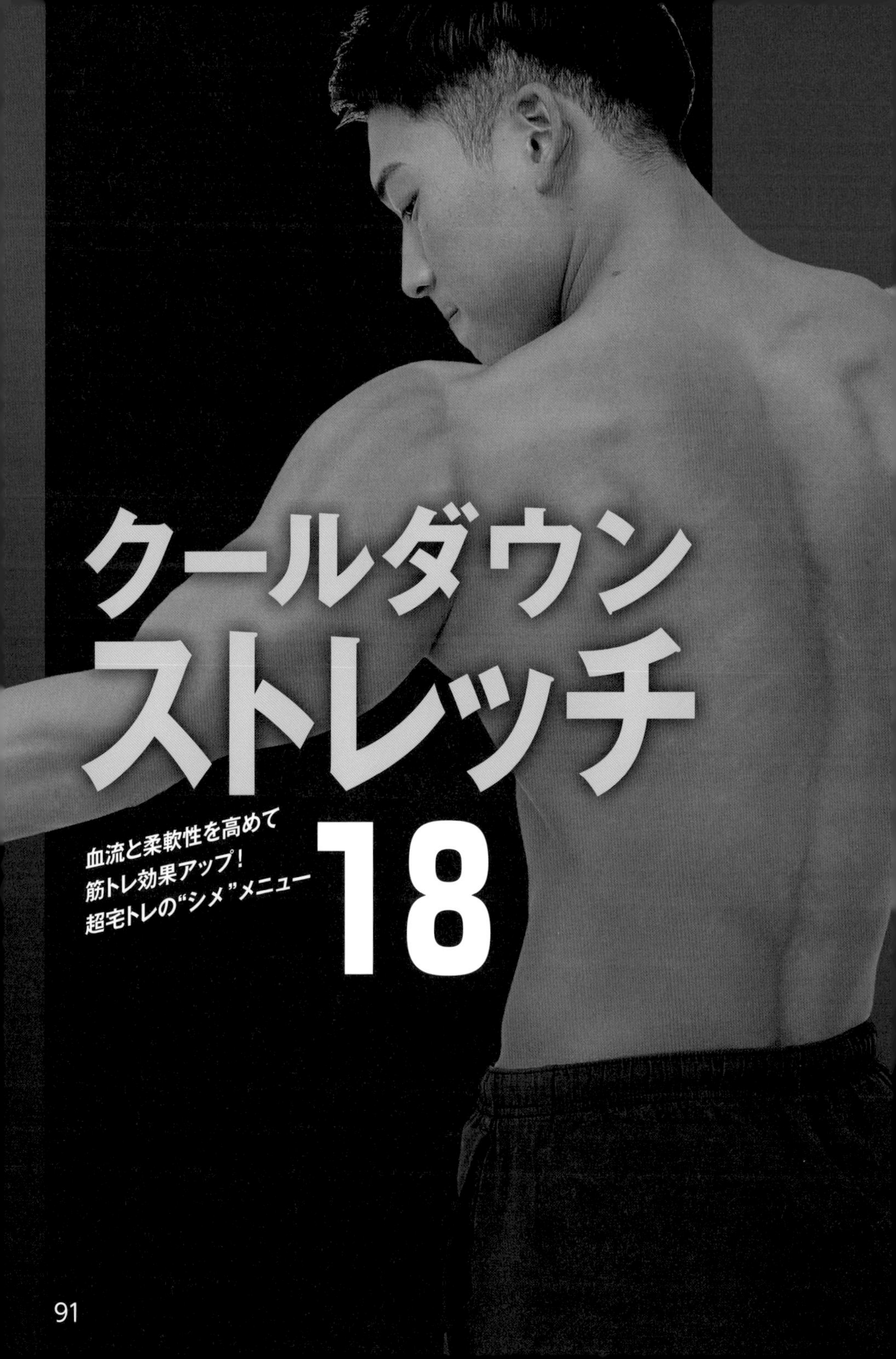

クールダウンストレッチ 18

血流と柔軟性を高めて
筋トレ効果アップ！
超宅トレの“シメ”メニュー

Target 前鋸筋

壁に両手をつき、股関節から折り曲げるように前屈。両腕の間に頭を埋めて、胸を床に向けて押し込む。

- ☑ 壁につく両手は、可能な限り幅を狭く
- ☑ 肘は可能な限り伸ばしたままに
- ☑ 膝は曲げてもよいので可能な限り骨盤を前傾

Target 大胸筋

片方の腕の肘から手のひらを壁につき、上体を外にひねって、肘側の胸を壁に近づける。肩甲骨を寄せるように、胸を張る。反対側も同様に。

- ☑ 肘は、肩より数cm高いところにつく
- ☑ 肘は、90度程度に曲げる
- ☑ 上体をひねるとき、肘側の胸を壁から離さない

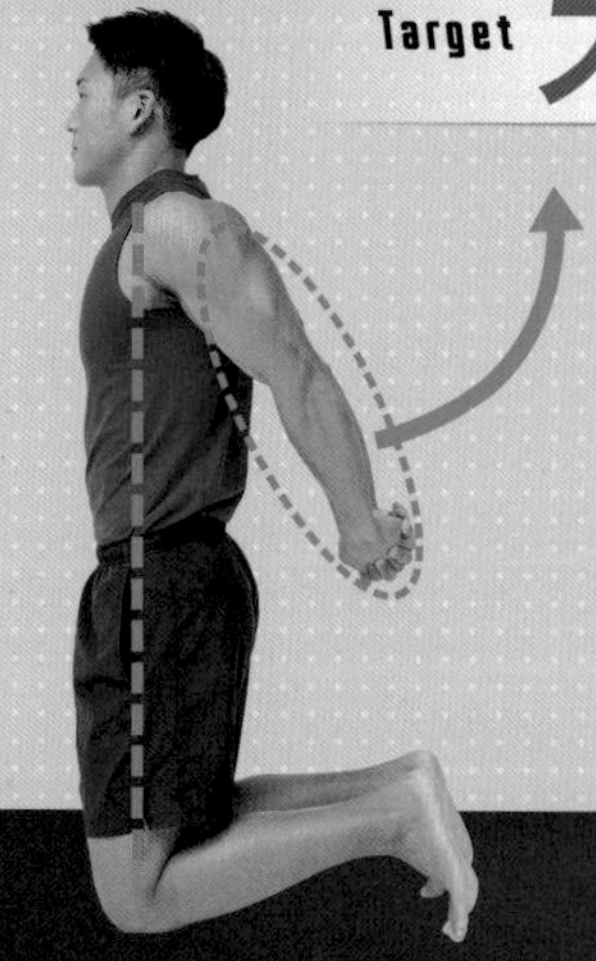

Target 大胸筋（上部）

両手を後ろで組み、肘を伸ばしたまま可能な限り、手を上に挙げる。

- ☑ 肘は伸ばしたまま行う
- ☑ 肩が上がらないようにキープ
- ☑ 上体が前傾しやすいので注意

Target 腸腰筋

立て膝から片脚を大きく前方に踏み出す。後ろ脚の膝を床についたまま、骨盤を前方に押し出す。反対側も同様に。

- ☑ 前脚の脛は、床に対して垂直に
- ☑ 重心が前足裏の全体にきていれば正解
- ☑ 上体が前傾しやすいので注意

Target 腹斜筋

長座から片膝を曲げて組み、対角線となる腕の肘で膝の外側から押し込むように上体を回転させ、腹まわりをねじる。反対側も同様に。

- ☑ 肘で膝の外側を押すのが難しければ、手で押してもよい
- ☑ 背中を丸めない

Target 腹直筋

腕立て伏せの姿勢から腹を床につけて、肘を伸ばしたまま上体を斜め上方向に伸ばす。視線は前方。

- ☑「腰を反らす」はNG
- ☑ 無理に反ると腰痛になる場合も
- ☑ 骨盤を床につけたまま行う

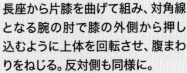

Target 上腕三頭筋

肘を曲げた片腕を頭上に挙げて、反対の手で肘を掴んで背中の方向に引き下げるように押し込む。反対側も同様に。

- ☑ 肘をしっかり曲げたまま行う
- ☑ 肘を曲げた手で、肩甲骨を触る意識
- ☑ 可能な限り胸を張る

Target 三角筋

片腕を胸前で伸ばし、反対の腕の肘を引っ掛けるようにして引き寄せる。反対側も同様に。

- ☑ 肩を下げた状態をキープ
- ☑ 可能な限り胸を張る

Target 僧帽筋

体育座りから片膝を外に倒す。倒したほうの手で、対角線上の足のかかとを外くるぶし側から掴む。そのまま、腰を後に押し出すように背中を丸める。反対側も同様に。

- ☑ つま先ではなく、必ずかかとを掴む
- ☑ 前に出している脚の膝を、可能な限り伸ばすことで効果アップ

Target 僧帽筋（上部）

片手を頭上に挙げ、反対側の耳の上あたりに置く。そのまま、やや斜め前方に頭を倒すように引っ張る。反対側も同様に。

- ☑ 頭は真横ではなく、少し前方に倒す
- ☑ 顔の向きで伸びる箇所が変わる
- ☑ 最も伸びを感じる位置を探す

Target 脊柱起立筋・大臀筋

体育座りから両脚をやや前方にスライドさせ、両方のかかとを合わせたまま両膝を左右に倒す。脚の下から両腕をくぐらせ、引きつけるように前屈。

- ☑ かかとが遠くにあるほうが、ストレッチが強くなる
- ☑ 額をかかとにつけるような意識で背中を丸める

Target 広背筋

片手を頭上に挙げ、反対の手で手首を掴んで引っ張る。反対側も同様に。

- ☑ 身体は可能な限りまっすぐに
- ☑ 手を挙げる側の肋骨を斜め上に引っ張り上げる意識で行うとストレッチが強くなる

Target ハムストリングス

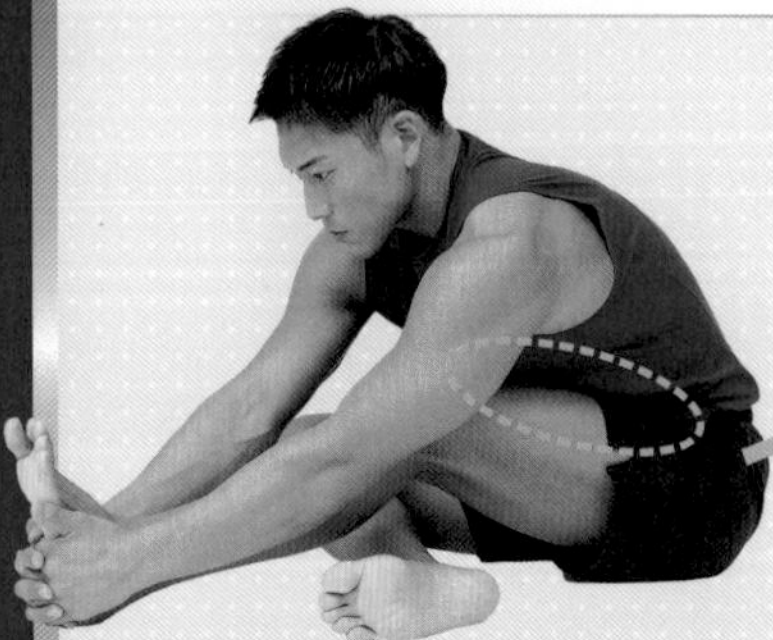

体育座りから片膝を外に倒す。前に出している足のかかとを両手で掴み、そのまま尻を後方に押し出す。反対側も同様に。

- ☑ 膝が曲がっていても構わないので、可能な限り太腿と腹がくっついている状態を保つ
- ☑ 前屈ではなく、尻を後方に押し出す

Target 大腿四頭筋

片膝を床につき、片手で足の甲を掴む。そこから反対の足を大きく前方に踏み出す。反対側も同様に。

- ☑ 必ず、先に足の甲を掴んでからもう片方の足を前方に踏み出すこと
- ☑ 先に足を踏み出すと、足の甲を掴む際にハムストリングスが痙攣を起こす場合があるので注意
- ☑ 可能な限り上体を起こす

Target 深層外旋六筋

体育座りの状態から片膝を内側に倒す。倒した膝の角度が90度、脚の方向は正面を向くように調整する。倒した膝の外側に反対の足を乗せ、身体を後方に倒す。反対側も同様に。

- ☑ 体を後方に倒すと膝が床から浮いてくるので、床に押し付ける意識で行う
- ☑ ターゲットは深層筋なので、どこがストレッチされているのかわからないくらいが正しい感覚

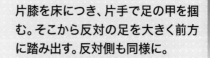

Target 腓腹筋

尻を引き上げた腕立て伏せの体勢をとり、片足をふくらはぎに乗せる。かかとを床につけたまま可能な限り、身体を前方に移動。反対側も同様に。

- ☑ かかとが床から浮かない、最大の位置を取る
- ☑ 膝を伸ばしたまま行う
- ☑ 膝が曲がると、ヒラメ筋だけがストレッチされてしまう

Target 内転筋

片膝を曲げて、開脚。上体を前屈し、肘を床につけるよう可能な限り努力する。反対側も同様に。

- ☑ 伸脚している足のつま先は、上に向ける
- ☑ 肘を床につけることが難しければ、手のひらを床につけて、少しでも肘を床に近づける

Target 大臀筋

片膝を90度に曲げて前方に出し、反対の脚は適当に後方に引く。前にある脚のふくらはぎに胸をつける意識で前屈する。反対側も同様に。

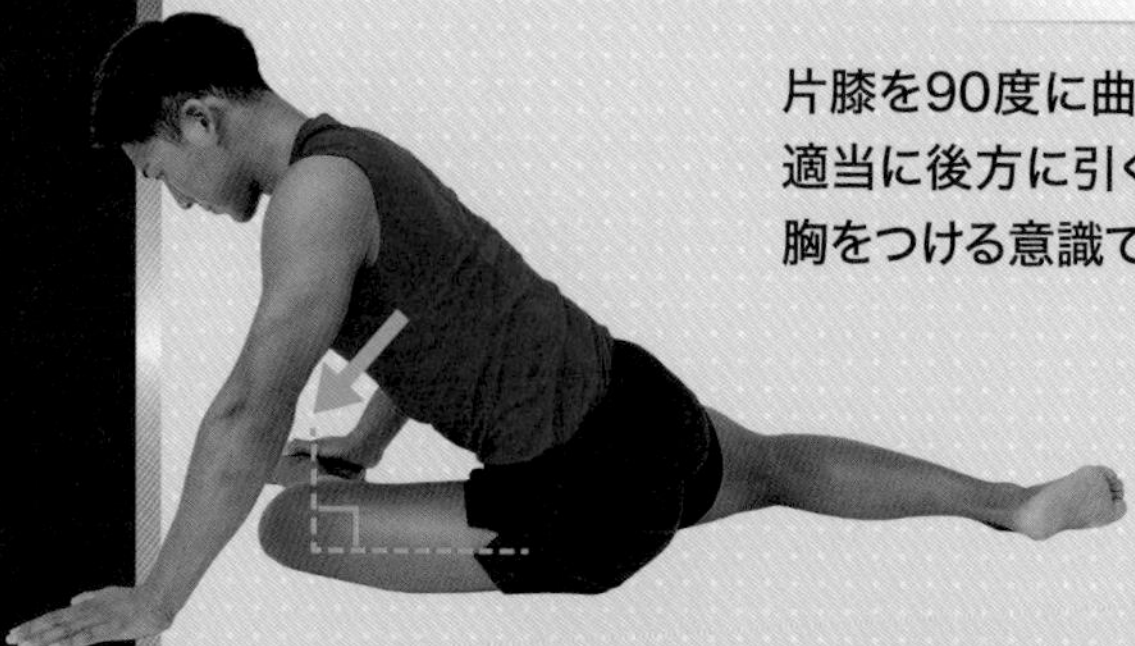

- ☑ 前膝の角度は、厳密に90度を維持
- ☑ 前膝の真上に肩がくる位置にするとなおよい
- ☑ 頭を下げるのではなく、胸を床に押し込むような意識

ボディメイク極意

大胸筋ばかり鍛えても 胸板は厚くならない！

「胸板を厚くするために大胸筋を鍛えている。しかし、厚みが出てこない」……と言った声をよく耳にする。なぜ、厚みが出ないのか。答えにたどり着くには「そもそも胸板が厚いとは、どのような状態か」を考える必要がある。

確かに、大胸筋を鍛えれば胸は厚くなる。しかし、横から見るとどうだろう。「胸板の厚み」には背中の厚さも含まれることに気づく。背中の厚さとは、僧帽筋の厚さ。大胸筋と僧帽筋の両方を鍛えて、初めて胸板は厚くなる。

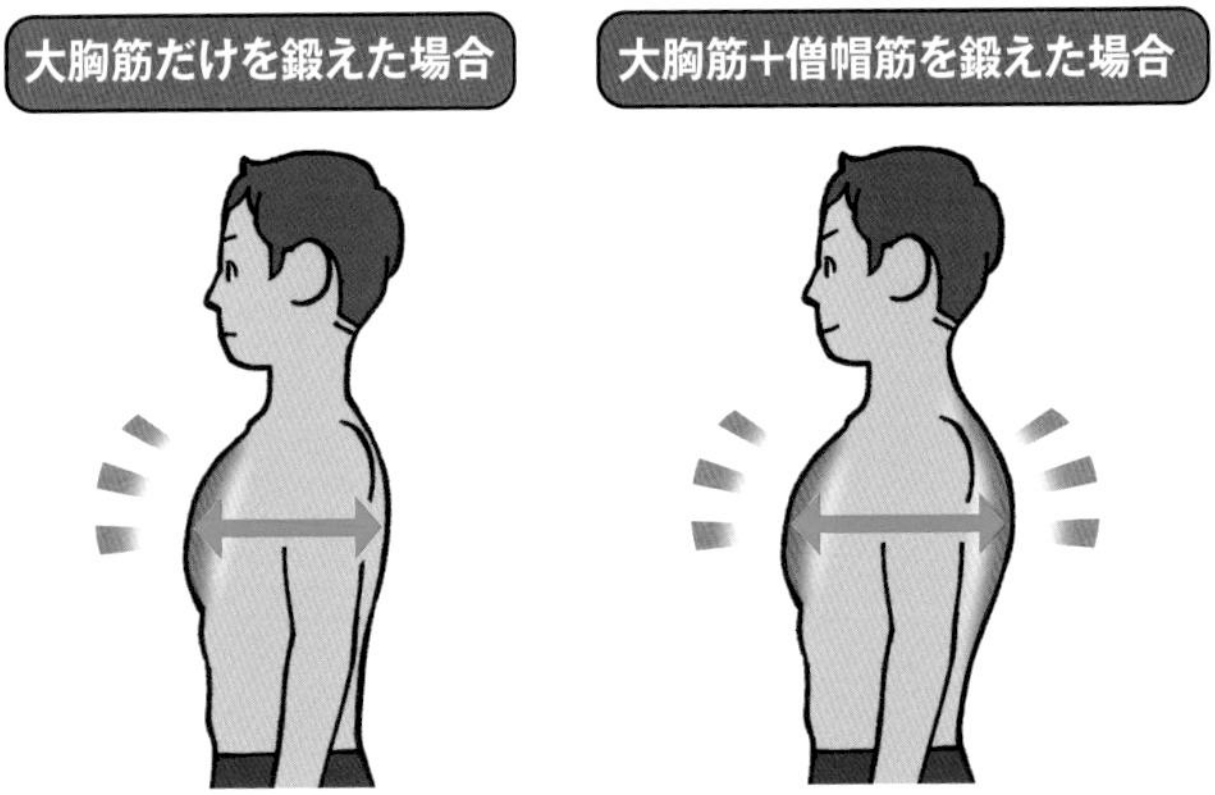
大胸筋だけを鍛えた場合
大胸筋＋僧帽筋を鍛えた場合

肩幅を広くしたいというのも同じ。三角筋ばかり鍛えても、肩幅は広く見えない。なぜなら人の身体で横に張り出しているのは、実は上腕三頭筋だからだ。つまり、三角筋とともに上腕三頭筋も鍛えて初めて広い肩幅に仕上がる。

腹筋のシックスパックに迫力がない、というのもそう。腹直筋の直近にある大胸筋下部が発達していないと、コントラストが弱くて腹直筋の割れが引き立たない。同じ体脂肪率で、同じだけ腹直筋が発達しているならば、大胸筋下部が発達している人のほうが、腹筋は割れて見える。

直接のターゲットではない筋肉も合わせて鍛えることで、人の見た目は大きく変わる。さあ、ラストは超宅トレエクササイズ組み合わせの妙技を存分に味わってほしい。

目的別！
最速プログラム 5

もっと理想の
身体に仕上げる
超宅トレ版
ボディメイクセット

目的

迫力のある胸板をデザインする！

手段

胸板に迫力をもたらすのは、大胸筋の発達……だけではない。同時に背面側＝僧帽筋の成長を促すことにより、身体の厚みが増してインパクトが強くなる。目的達成に向けて、当プログラムでは2種類のプッシュアップから始めていく。上腕三頭筋の疲労が伴うと胸まわりのエクササイズの精度が下がるため、後半では三頭筋を使用しない「ラテラルハンドウォーク」で大胸筋に追い込みをかける。そして、僧帽筋への刺激を入れるべく「リバースエルボーフライ」で仕上げていくこととしよう。

達成のコツ

決して回数主義にならないこと。
たとえ指定回数がこなせなくても、最大限に
大胸筋にストレスを加えているかを意識する。

目的別！最速プログラム

Exercise 1

スローダウンプッシュアップ

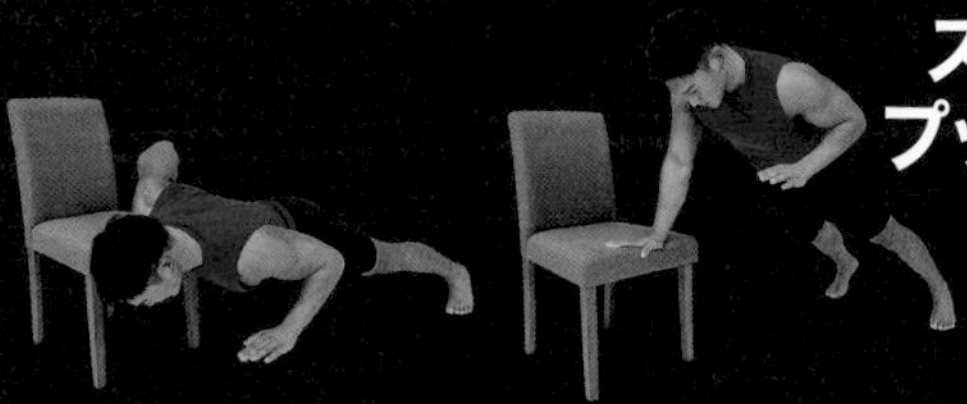

超宅トレ06

詳しくは→P30

10回×左右2セット

インターバル60秒

Exercise 2

アシンメトリープッシュアップ

超宅トレ05

詳しくは→P28

10回×左右2セット

インターバル60秒

Exercise 3

ラテラルハンドウォーク

超宅トレ03

詳しくは→P24

10往復×2セット

インターバル60秒

Exercise 4

リバースエルボーフライ

超宅トレ26

詳しくは→P70

10回×3セット

※各種目の実施回数・セットは、プログラム用に設定してあります。

目的

シックスパックの上を行く彫刻腹になる！

手段

腹筋の存在感を強めるために必要なことは、3つ。腹の上にある大胸筋と下にある腸腰筋、それぞれのコントラストの強化、そして腹直筋の肥大である。「ストリクトアームサイクル」と「ラテラルニープッシュアップ」で胸筋と腹筋との境目を明確にし、「ホバーニーレイズ」で腸腰筋下部に厚みを出すために必要な刺激を入れてから「ストリクトツイストクランチ」と「ニートゥエルボー」で腹直筋の肥大を狙っていく。

達成のコツ

後半の2種目では、
どれだけ強く押し込めるかがカギとなる。
決して、妥協しないこと。
キツイ時ほど、己に厳しくあれ！

目的別！最速プログラム

Exercise 1

ストリクトアームサイクル

超宅トレ02

詳しくは➡P22

2セット
（1セット＝右スタート15回＋左スタート15回）

⬇インターバル60秒

Exercise 2

ラテラルニープッシュアップ

超宅トレ01

詳しくは➡P20

15回×左右2セット

⬇インターバル60秒

Exercise 3

ホバーニーレイズ

超宅トレ15

詳しくは➡P48

15回×2セット

⬇インターバル60秒

Exercise 4

ストリクトツイストクランチ

超宅トレ13

詳しくは➡P44

20回×左右2セット

⬇インターバル60秒

Exercise 4

ニートゥエルボー

超宅トレ14

詳しくは➡P46

20回×2セット

※各種目の実施回数・セットは、プログラム用に設定してあります。

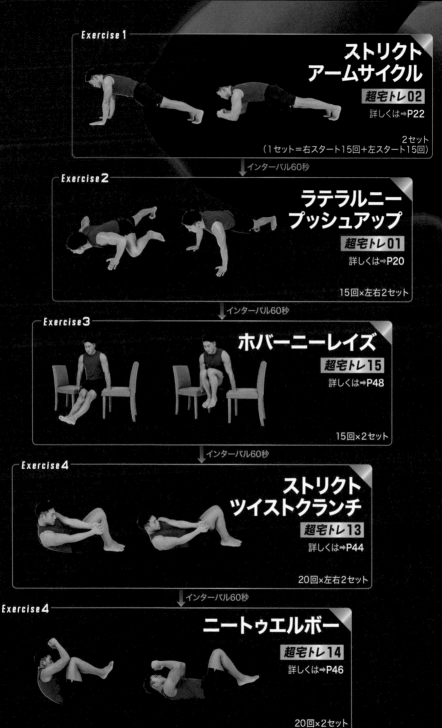

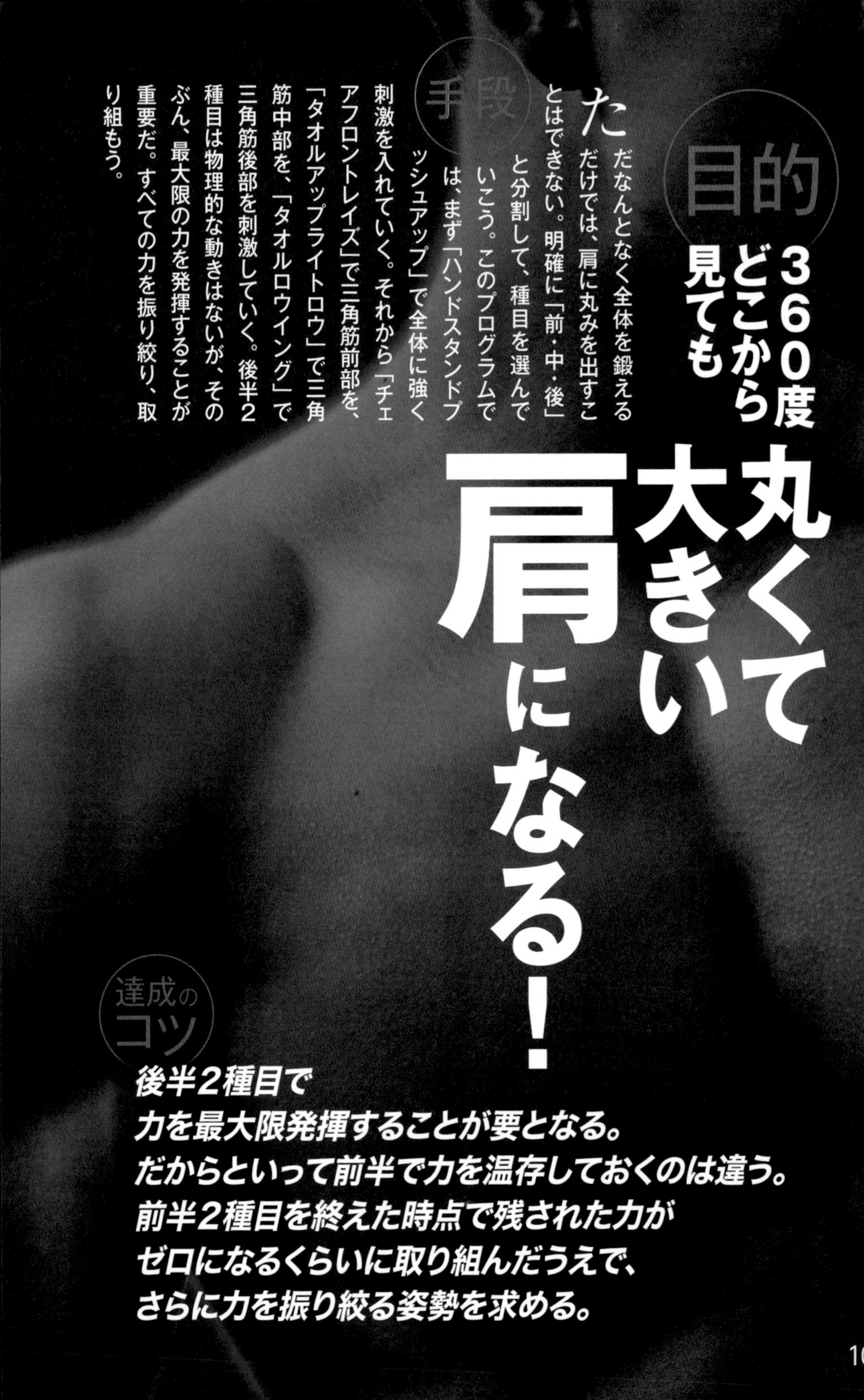

360度どこから見ても丸くて大きい肩になる！

目的

ただなんとなく全体を鍛えるだけでは、肩に丸みを出すことはできない。明確に「前・中・後」と分割して、種目を選んでいこう。このプログラムで

手段

は、まず「ハンドスタンドプッシュアップ」で全体に強く刺激を入れていく。それから「チェアフロントレイズ」で三角筋前部を、「タオルアップライトロウ」で三角筋中部を、「タオルロウイング」で三角筋後部を刺激していく。後半2種目は物理的な動きはないが、そのぶん、最大限の力を発揮することが重要だ。すべての力を振り絞り、取り組もう。

達成のコツ

後半2種目で
力を最大限発揮することが要となる。
だからといって前半で力を温存しておくのは違う。
前半2種目を終えた時点で残された力が
ゼロになるくらいに取り組んだうえで、
さらに力を振り絞る姿勢を求める。

目的別！最速プログラム

Exercise 1

ハンドスタンドプッシュアップ

超宅トレ21

詳しくは➡P60

15回×3セット

インターバル60秒

Exercise 2

チェアフロントレイズ

超宅トレ20

詳しくは➡P58

15回×3セット

インターバル60秒

Exercise 3

タオルアップライトロウ

超宅トレ19

詳しくは➡P56

10回×1セット

インターバル20秒

Exercise 4

タオルロウイング

超宅トレ22

詳しくは➡P62

6秒キープ×10セット

※各種目の実施回数・セットは、プログラム用に設定してあります。

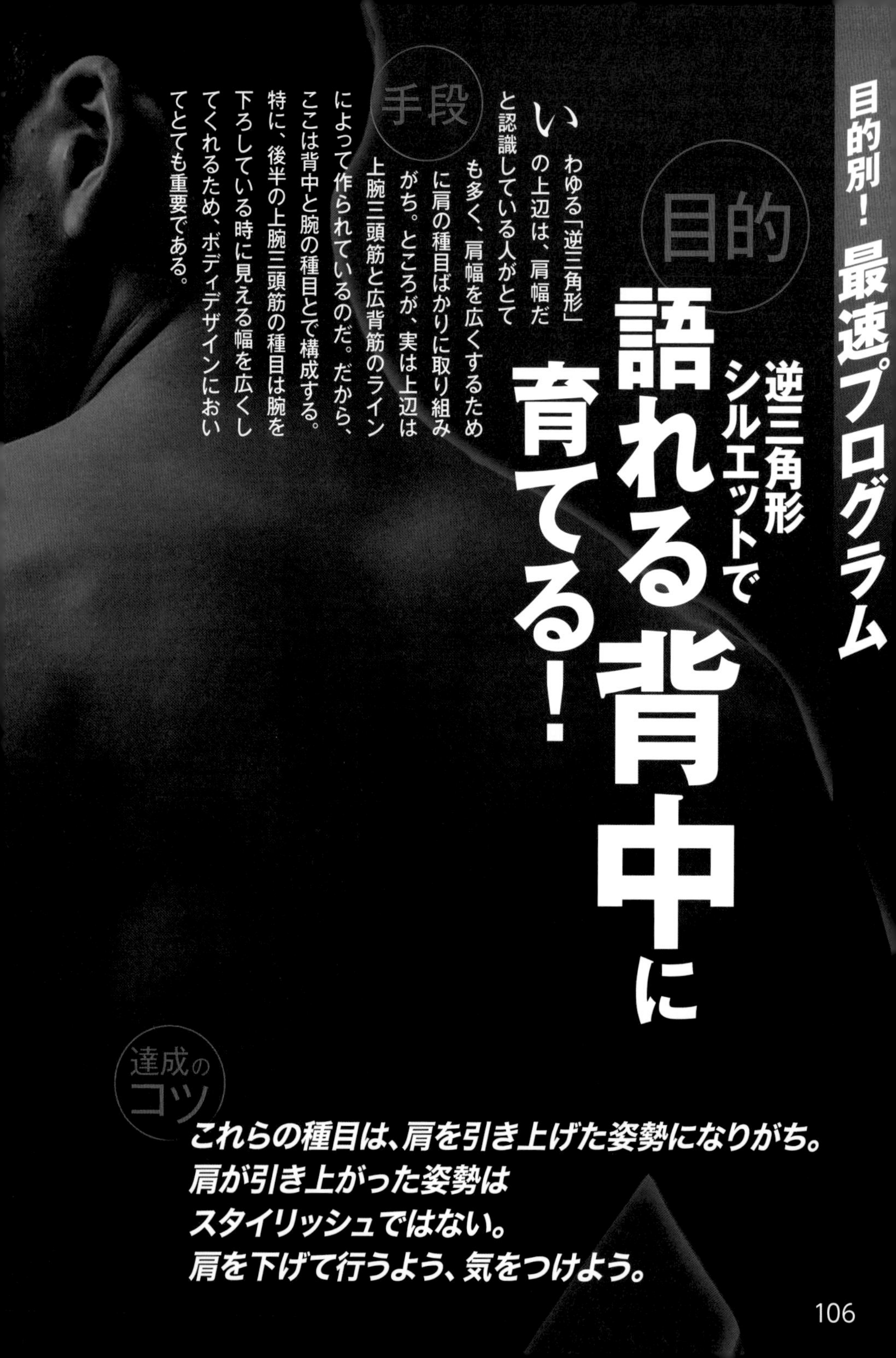

逆三角形シルエットで語れる背中に育てる！

目的

いわゆる「逆三角形」の上辺は、肩幅だと認識している人がとても多く、肩幅を広くするために肩の種目ばかりに取り組みがち。ところが、実は上辺は上腕三頭筋と広背筋のラインによって作られているのだ。だから、

手段

ここは背中と腕の種目とで構成する。特に、後半の上腕三頭筋の種目は腕を下ろしている時に見える幅を広くしてくれるため、ボディデザインにおいてとても重要である。

達成のコツ

***これらの種目は、肩を引き上げた姿勢になりがち。
肩が引き上がった姿勢は
スタイリッシュではない。
肩を下げて行うよう、気をつけよう。***

Exercise 1

インバーティッドロウ

超宅トレ25

詳しくは→P68

15回×3セット

↓インターバル60秒

Exercise 2

リバースグリップインバーティッドロウ

超宅トレ24

詳しくは→P66

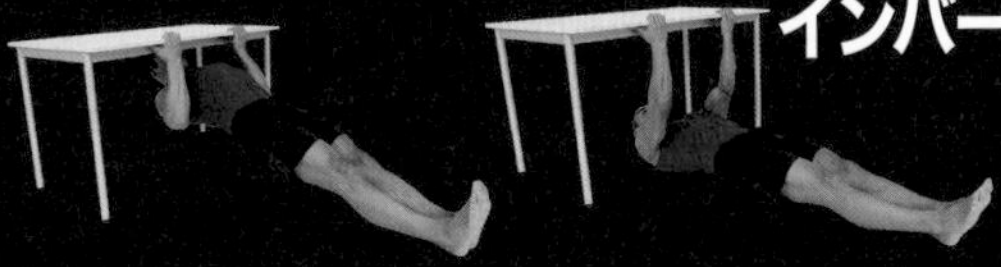

5回×3セット

↓インターバル60秒

Exercise 3

リバースプッシュアップ

超宅トレ23

詳しくは→P64

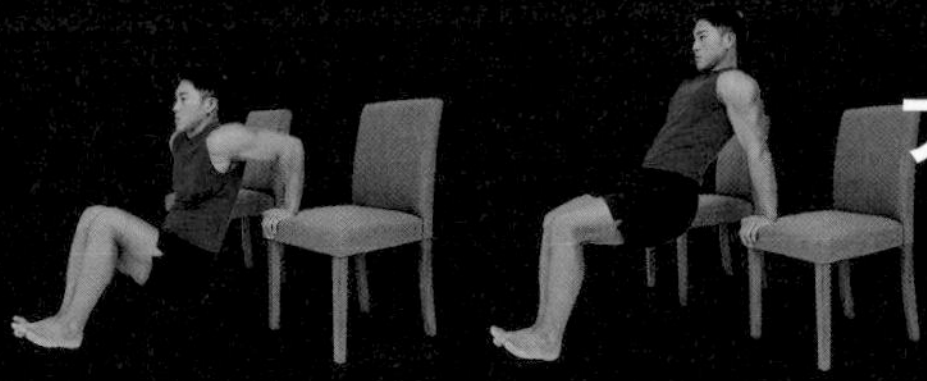

15回×3セット

↓インターバル60秒

Exercise 4

トライアングルプッシュアップ

超宅トレ17

詳しくは→P52

15回×2セット

↓インターバル60秒

Exercise 5

プローントライセプスエクステンション

超宅トレ18

詳しくは→P54

10回×2セット

※各種目の実施回数・セットは、プログラム用に設定してあります。

目的

等身を変えるほど長い脚に生まれ変わる！

手段

脚の長さを変えることはできないが、長くなったように見せることはできる。

要となるのは、尻。「ブルガリアンスクワット」、「ステップアップニーアップ」で大臀筋が発達すると臀部のトップ位置が高くなると同時に、尻の脂肪が引き上げられるため脚が長く見えるのだ。また、後半2種目でハムストリングスが発達すると、今度は尻の下のたるみが減り、それもまた脚を長く見せてくれる。

達成のコツ

前半2種目は大臀筋と同時に
大腿四頭筋の負担も多い。
しかし種目に取り組む際、
大臀筋による股関節伸展に意識を向けることで、
より大臀筋が使われるようになる。
ぜひ強く意識をしてほしい。

Exercise 1

ブルガリアン スクワット

超宅トレ 34

詳しくは➡P86

15回×左右3セット

インターバル60秒

Exercise 2

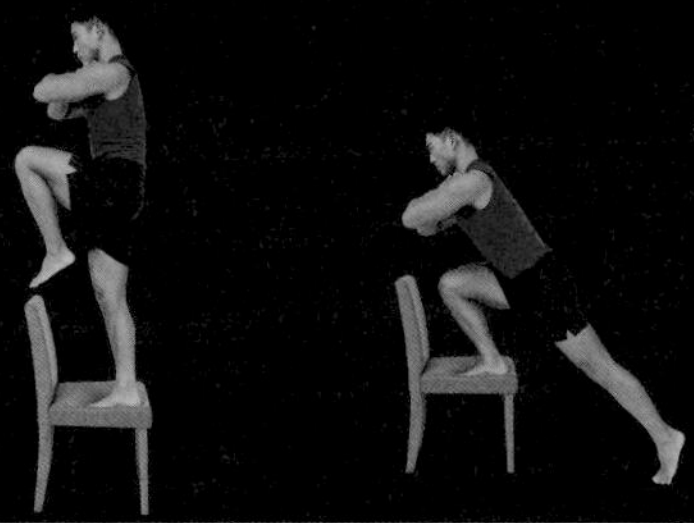

ステップアップ ニーアップ

超宅トレ 35

詳しくは➡P88

15回×左右3セット

インターバル60秒

Exercise 3

シングル デッドリフト

超宅トレ 29

詳しくは➡P76

10回×左右2セット

インターバル60秒

Exercise 4

スクイーズ シングルヒップリフト

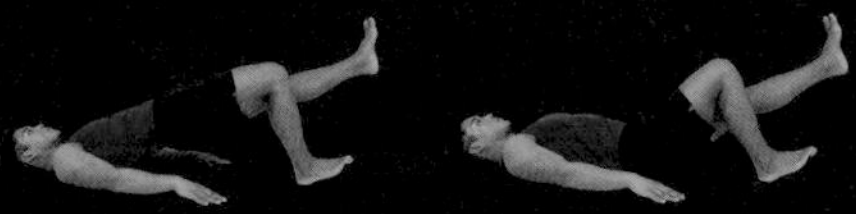

超宅トレ 32

詳しくは➡P82

15回×左右2セット

※各種目の実施回数・セットは、プログラム用に設定してあります。

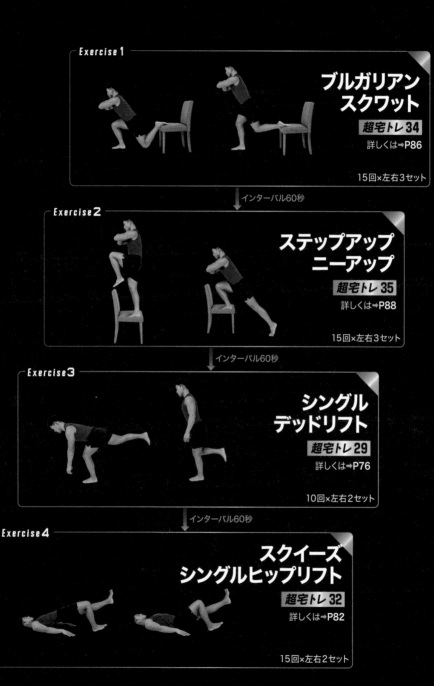

おわりに

「腕立て伏せは、何回できますか?」という質問には、残念ながらあまり意味がありません。「どのようなフォームで腕立て伏せをしていますか?」という問いかけこそが、トレーニングの本質だからです。

学校の部活動で「腕立て50回!」などと言われ、ひたすら50回をこなしてきたという経験は"アスリートあるある"のひとつ。しかし結果として起こることは、50回こなすためだけの都合の良いポジションの獲得のみ。狙った筋肉の強化は、残念ながらできません。

私は、トレーニングの指導を行うとき、彼らが知らぬ間に獲得してしまった都合の良いフォームを大幅に変更し、厳密に修正します。すると、どうでしょう。あまりにツラすぎて、10回程度しかできなくなってしまうのです。仮に【私が指定したフォーム】で、腕立て伏せを10回やっているとします。8回目でフォームが崩れたら、私はそこで中止させます。なぜなら、フォームが崩れたまま残り2回をやったところで狙った筋肉に刺激が入らないからです。

これが意味するのは、やみくもに回数を重ねるよりも、フォームを崩さない努力をするほうが価値が大きいということ。そして、選手たちは一様に、フォーム主義のトレーニングのほうが大きな成果を得られると口にします。

今の私を作っているのは、マシンも器具も何もない体育館やグラウンドでトレーニング指導をしてきた長年の経験です。そこから得たものは、何もなくても確かな知識があれば、しっかりとした身体を作ることができるし、きちんと成果も出せるという確証。

指導を担当してきたトップアスリートから「良いトレーナーは、あなたのように何もない場所でも１００種類の効果的なトレーニングを考え出せる人だと思う」と言われたことがあります。これは、大変うれしい言葉でした。トレーニングに重要なのは「何を使うか」ではなく「どうやってするか」であることを、この選手は理解してくれたと感じられたからです。

「自宅では大したトレーニングはできない」と思い込んでいる人に、大きな思考変化をもたらしたい。自重トレーニング＝ラクなトレーニングというイメージを払拭したい。より多くの皆さまに、今よりもっと大きい成果を出してもらいたい。自分の可能性に気づいていただきたい。そのような想いこそが、私がこの本を執筆するに至った一番の理由です。

いつでも、どこでも、いつまでも、皆さまの身体を鍛え続けられるヒントを、感じていただければ幸いです。そして、あなたのマッチョ魂を揺さぶることができたら、うれしい限りです（笑）。最後までお読みいただきありがとうございました。

清水　忍

■著者

清水 忍（しみず しのぶ）

(株)INSTRUCTIONS代表、トレーニングジムIPFヘッドトレーナー、全米スポーツ医学会認定運動生理学士(ACSM/EP-C)、NESTA JAPANエリアマネージャー、健康運動指導士。

1967年、群馬県生まれ。大手フィットネスクラブ勤務後、スポーツトレーナー養成学校講師を経て独立。「根拠」「理解」「動機」の全てを満たした指導にはスポーツ業界関係者からも信頼が厚く、メジャーリーガー・菊池雄星投手らプロアスリートのパーソナルトレーナーとして絶大な人気を誇る。また、2016年より若手トレーナーのレベルアップを目指すゼミ「清水塾」を主宰するなど、後進の育成にも力を注いでいる。テレビ、雑誌等多くのメディアで活躍中。著書に『ロジカル筋トレ 超合理的に体を変える』（幻冬舎新書）ほか監修多数。

■STAFF

モデル：小野瀬翔悟
ヘアメイク：釣谷ゆうき
イラスト：丸口洋平
スチール・動画：岡本名央
デザイン：宇都宮久美子
DTP：研友社印刷株式会社
執筆・編集協力：鈴木彩乃
企画・編集：岡村由貴

超宅トレ

宅トレの限界を超えろ！
マッチョ魂を揺さぶる最強種目35

令和3年10月16日　第1刷発行

著　者　清水 忍
発行者　東島 俊一
発行所　株式会社 法 研
〒104-8104　東京都中央区銀座1－10－1
電話 03(3562)3611(代表)
https://www.sociohealth.co.jp
編集・制作　株式会社 研友企画出版
〒104-0061　東京都中央区銀座1－9－19 法研銀座ビル
電話 03(5159)3722(出版企画部)
印刷・製本　研友社印刷株式会社　0101

ISBN 978-4-86513-854-2　C0077　定価はカバーに表示してあります。